体育品牌产业管理研究

赵显品　著

吉林人民出版社

图书在版编目（CIP）数据

体育品牌产业管理研究 / 赵显品著. -- 长春：吉林人民出版社，2023.12

ISBN 978-7-206-20685-6

Ⅰ．①体… Ⅱ．①赵… Ⅲ．①体育产业－经营管理－高等职业教育－教材 Ⅳ．①G811

中国版本图书馆 CIP 数据核字(2023)第246302号

体育品牌产业管理研究
TIYU PINPAI CHANYE GUANLI YANJIU

著　　者：赵显品
责任编辑：周立东　　　　　　　　　封面设计：张田田
出版发行：吉林人民出版社（长春市人民大街 7548 号　邮政编码：130022）
印　　刷：河北创联印刷有限公司
开　　本：787mm×1092mm　　　　1/16
印　　张：10.5　　　　　　　　字　　数：160千字
标准书号：ISBN 978-7-206-20685-6
版　　次：2023年12月第 1 版　　印　　次：2023 年12月第 1 次印刷
定　　价：68.00元

如发现印装质量问题，影响阅读，请与出版社联系调换。

前　言

我国体育产业经历了几十年的规模化发展，到今天已迎来一种跨越式发展新格局，铸造具有国际影响力的体育品牌是我国体育产业走向世界并寻求长足发展的必经之路，而体育品牌中的文化内涵是其生命力所在。在全球化进程逐渐推进的背景下，为打造带有本土文化元素的国际流行品牌创造了良好的外部发展条件，崇尚多元文化的体育文化也为来自不同文化背景的体育品牌留下了足够的发展空间。挖掘中华传统文化特色，在体育品牌设计中巧妙加入中华文化元素，可以吸引国际市场的注意力，提升我国体育品牌的跨文化发展。

本书针对体育品牌产业管理进行研究，先是对品牌概论、体育品牌的概念和定位、体育品牌价值进行简单介绍，接着对体育品牌管理、体育品牌营销发展、体育品牌国际化战略以及体育营销与文化品牌塑造做出系统分析，最后在高校竞技体育产业与体育文化管理方面进行分析。

本书在撰写过程中，参阅和引用了一些文献资料，谨向它们的作者表示感谢；感谢一直以来支持、鼓励和鞭策我成长的师长和学界同人。由于笔者水平所限，书中错误之处在所难免，敬请读者和同行批评指正。

目　录

第一章 体育品牌的概念和定位

第一节 体育品牌概述

一、体育品牌的概念

体育品牌是体育用品的品牌，包括品牌名称和标志，是在营销或传播过程中形成的，用以将产品与消费者等利益团体联系起来，并带来新价值的媒介。

二、体育品牌的特征与构成要素

（一）体育品牌的特征

1. 识别性特征

识别性特征是品牌名称、标志物等符号系统带来的外在特征。体育赛事组织者或是体育用品生产者通过整体规划和设计所获得的体育品牌造型符号，具有特殊的个性和强烈的视觉冲击力，能够帮助目标消费群体来区别本产品和其他产品。此外，体育品牌所传递的隐喻式情感也能够彰显一个体育品牌的功能并传达该品牌的内部信息，帮助消费者从情感信息上加以区分。

2. 价值性特征

体育品牌因具有的优质性能及服务，成为一种企业或是赛事的外化形象，并成为企业及赛事利用外部资源的契约主体，而且它在市场上的覆盖面广、占有率高，这些必然可以给体育品牌拥有者带来巨大的经济利益。同时因为体育品牌具有的知名度、美誉度等社会因素，它可以独立于产品存在，并形成一种可以买卖的无形资产价值，而这种价值要比它带来的有形资产价值更重要。

3. 领导性特征

体育品牌和普通体育产品不同，它不只是靠广告和包装来打动消费者，它在消费者心中无可替代的地位是由其高质量、高价值、高信誉所决定的。体育品牌是高水平体育产品的核心要素，是体育企业或者体育赛事向目标市场传输信息的主要媒介。它具有的风格代表了与众不同、高人一筹的经营理念，一旦迎合了目标市场的需求，它就具有了非常重要的地位，可以引领市场潮流，影响消费群体的价值观，这种能力是普通产品难以企及的。

（二）体育品牌的构成要素

一个完整的体育品牌不仅是一个名称，它含有许多信息，只有将这些信息最大限度地整合起来，体育品牌才是完整的。体育品牌的构成要素主要有以下两个方面。

1. 体育品牌构成的显性要素

体育品牌构成的显性要素是品牌外在的、具象的东西，可直接给予消费者较强的感觉上的冲击，主要包括品牌名称、标识与图标、标记、标志字、标志色、标志包装、广告曲。以上的品牌要素不一定全部出现在品牌中。品牌的外在形象依赖于这些显性要素的组合，不同的组合塑造出不同的品牌形象。例如，阿迪达斯的三叶草商标就是这个品牌的显性要素之一。

2. 体育品牌构成的隐性要素

体育品牌构成的隐性要素是体育品牌内含的要素，不可以被直接感觉，它存在于体育品牌的整个形成过程中，是体育品牌的精神、品牌的核心。它包括体育品牌承诺、体育品牌个性和体育品牌体验。

（1）体育品牌承诺

承诺的实施方是体育产品的生产者，接受方则是消费者。身为消费者，一个体育品牌对我们而言是种保证，因为它始终如一地履行诺言。体育产品本身不可能保持不变，事实上许多优秀的体育品牌都在不断的改变，但仍受消费者青睐，那是因为体育产品生产者倾注在产品中的经营理念、价值观、文化观始终保持着稳定。体育用品企业是否有优越的技术，对品质是否有很高的要求，对环境品质是否很重视，这些属性、理念在很大程度上决定着消费者对产品的感情。好的体育品牌承诺会使消费者在接触这个品牌时有十足的信心并且十分满意。例如，耐克作为一个经营体育用品的企业，带给顾客的理念不只是"体育运动是美好的、快乐的、伟大的"，而是更高层次上的"活出自我"和"挑战体育的极限"，有了这样的理念和承诺，顾客在任何时间接触到这个品牌都会有一种激情澎湃的感觉。

（2）体育品牌个性

史蒂芬·金指出，用人做比喻很容易使消费者接受品牌。就像人有个性一样，每个品牌都有它自己的"风格"，如一提到李宁，人们就会想到阳刚、强健的风格，因此体育品牌不同于商标，它不仅是一种符号，更是一种个性。大卫·爱格在《品牌经营法则》中提到品牌有五大个性要素：纯真、刺激、称职、教养和强壮。将体育品牌个性化会使消费者更容易接近并接受这个体育品牌。人们通常会选择自己认同的体育品牌，体育产品生产者创造了品牌的个性，而这种个性带来的情感暗示，满足了不同人的需求，从而更好地使体育品牌与消费者建立起良好的关系。通常，相对于死气沉沉的体育产品而言，绝大多数消费者还是愿意和那些有灵性、有情感的体育品牌打交道。

（3）体育品牌体验

消费者是体育品牌的最后拥有者，在体育品牌形成过程中，消费者扮演了一个把关人的角色，他们对体育品牌的信任、满意、肯定等正面情感，能够使体育品牌历久不衰；而他们对体育品牌的厌恶、怀疑、拒绝等负面情感，必然使体育品牌受挫甚至夭折。使用一个体育品牌的主观经验不同于使用一般的体育产品的感觉，很明显的例子就是人们往往会挑选一个市场占有率高的体育品牌，但若要在两种同类没有品牌的商品中选择，消费者就拿不定主意了。所以，体育品牌确实能改变人们应用产品的真实感受，而这就形成了一种无形的价值。

不同于显性要素，隐性要素是不能一蹴而就的，它要在长期的体育品牌营销推广中逐步培育形成。显性要素可以由体育品牌拥有者完全掌握，而隐性要素还高度依赖于体育品牌与消费者的互动。

三、体育品牌的分类

在市场中，人们往往依据不同的标准对体育品牌进行分类。了解体育品牌所属的类别，有助于体育品牌建设的规划。

（一）按影响范围分类

按被认知的广度和影响地域范围的大小，可以将体育品牌划分为地区体育品牌、国家体育品牌、国际体育品牌、全球体育品牌。

1. 地区体育品牌

凡是被某一特定地区范围内的公众认知的体育品牌就被称为地区体育品牌，其影响力和辐射力只限于某一地区。这些体育品牌在当地及相近的区域内拥有相当大的市场销售额，地区范围内知名度较高，美誉度极好，但是一旦离开这一地区，可能知名度接近于零，更谈不上美誉度了，其品牌范围有一个非常明显的边界。地区体育品牌是现实的，也是危险的，因为市场竞争如逆水行舟，不进则退。市场是流动的，如果不主动出击，其他品牌也会前来侵犯，尤其是在国家品牌、国际品牌的强大压力下，想要坐享安稳是不可能的。

2. 国家体育品牌

国家体育品牌是指被本国的公众认知的体育品牌，它们一般畅销本国，有大规模的、持续性的广告投入支持，市场占有率较高，消费者对它们较熟悉，在大多数的通路上皆有销售。

与地区体育品牌相比，国家体育品牌的竞争力要强得多，销售市场要大得多。这些体育品牌在国内均获得过国家级甚至国际评比的大奖，通常在中央一级媒体进行宣传推广，在国内的知名度和美誉度都很高，产品覆盖全国，有一定的出口量，但主要市场在国内。例如，安踏和匹克，主要市场在国内二线城市，但是由于明星代言，在国际上也有一些影响。

3. 国际体育品牌

国际体育品牌是被世界公众广泛认知的品牌，目前部分国际体育品牌被发达国家所垄断，尤其是美国、日本、法国、意大利、瑞士等少数国家，其国际体育品牌风靡全世界，为所在国带来了巨大的利润，同时也大大增强了这些国家的国际地位。近年来，随着我国经济、社会快速发展我国体育品牌的国际影响力也大幅提高。例如，中国网球公开赛就是国际品牌体育赛事，不仅推动了网球运动在中国的普及，也提高了我国网球在国际上的影响力。

4. 全球体育品牌

全球体育品牌具有较高的国际知名度，享有很高的国际信誉度，具有强大的竞争优势和巨大的经济价值，它一般在战略意图和内在品质上，具有相同与鲜明的品牌本质、特征和价值观。阿迪达斯和耐克，奥运会和世界杯、欧洲杯足球赛，都属于全球体育品牌。

全球体育品牌与国际体育品牌的概念容易混淆，两者的区别主要表现在以下两个方面：①营销组合的使用方面，全球体育品牌比国际体育品牌程度高；②销售地分布方面，全球体育品牌要比国际体育品牌广。

从严格意义上来说，真正的体育名牌应该是国际体育品牌和全球体育品牌。因为市场经济是开放的经济，在经济日益全球化发展的当代，市场竞争是没有国界的。体育品牌有它的原产地、原产国，而体育品牌的舞台是国际性和全球性的。但是，体育品牌的发展是一个长期的过程，某一体育品牌总是先在某一特定地区的竞争中成为地区体育品牌，然后拓展到全国，成为全国体育品牌，接着才有可能到国际市场上竞争，竞争获胜之后发展为国际体育品牌。全球体育品牌是体育品牌的一种理想的最高境界，但是其形成也必然要经历前面的发展过程。因而，从这个角度看，任何一种类型的品牌都有其存在的必然性和价值。

（二）按市场地位分类

按照产品在市场上地位的不同，可以将体育品牌划分为领导型体育品牌、挑战型体育品牌、追随型体育品牌和补缺型体育品牌。

1. 领导型体育品牌

造就领导型体育品牌的真正原因是评价较高的质量，也就是顾客所认定的价值，而不是体育产品本身的质量。由于体育品牌价值源于消费者的认知，所以建立体育品牌形象是晋升及保持市场领导地位的最重要的手段。一旦成为市场领导者，品牌效应就会随之而来，包括与渠道的谈判优势及消费者对体育产品质量的认同等。

领导型体育品牌通常享有较高的利润空间。在传统的经济体制下，低价位的产品一向依赖于较高的销售量。然而，作为强势品牌的领导型体育品牌却仍能在削价竞争中保持领导地位。最近美国所做的一项调查表明，领导型体育品牌的平均获利率为第二品牌的4倍，而在英国这一数字高达6倍。另外，遇到市场不景气或价格战时，领导型体育品牌通常能表现出较大的活力。因为一旦成为领导型体育品牌，就能实现高销售量，自然就有经济规模。耐克作为体育用品市场的领导型品牌，在市场竞争中占据着主导地位，也获得了比其他品牌更丰厚的利润。

2. 挑战型体育品牌

在行业市场中名列第二、三位或名次更低的品牌可称为挑战型体育品牌。这类品牌可向领导型体育品牌发起猛烈攻击，争取更大的市场份额，或维持原状，避免引起争端。大多数挑战型体育品牌的竞争旨在扩大市场占有率，而要实现这一目标必须选择竞争对手作为攻击对象。它们一般可以选择以下三种不同的攻击目标：领导型体育品牌、同类体育品牌和小规模的体育品牌。挑战型体育品牌可以利用既有品牌的知名度与配销、生产和管理等方面的优势打入相关产品市场，与这几类品牌进行竞争。阿迪达斯和李宁在中国市场上就扮演着挑战型体育品牌的角色，一方面要对耐克的市场领导地位发起冲击，另一方面也要阻击安踏、匹克、特步等竞争对手品牌的发展。

3. 追随型体育品牌

位于前两种体育品牌类型之下，又实行紧随这两种体育品牌之后的策略的品牌一般是追随型体育品牌。它们一般尽可能地在各个细分市场和市场营销组合领域里模仿领导型体育品牌，采用此种策略的追随型体育品牌具有一定的寄生性，因为它们很少刺激市场，主要依赖领导型体育品牌经营者的投资而生存。它们是挑战型体育品牌攻击的主要目标之一，因此必须保持低廉的制造成本、优良的产品质量和周全的服务，来保持或提高自己的竞争优势。前面提到的安踏等品牌就属于追随型体育品牌。

4. 补缺型体育品牌

补缺型体育品牌是基本上没有什么知名度，专门为市场的某些部分服务的品牌。它们多由小企业经营，专营大型品牌忽略或不屑一顾的业务。在市场竞争中，对此类型的品牌而言最重要的就是选择小生产市场和实现专业化的经营。乐途是针对休闲体育的品牌，虽然是体育品牌但是受众定位却和其他品牌不同，具有很强的针对性；骆驼和探路者是专门针对登山等户外运动的体育品牌，这些品牌都属于补缺型体育品牌。

（三）按生命周期分类

按照产品的生命周期来划分，可以将体育品牌分为新品牌、上升品牌、领导品牌和衰退品牌。

体育产品的生命周期是指体育产品的市场寿命以及相应的市场表现。生产厂商所面临的普遍且极大的压力就是产品的生产周期，即一个新产品演变成普通产品的过程。飞速发展的技术不仅能刺激消费者需求，而且吸引着竞争厂商之间的相互模仿。在这样的环境中，生产厂商再也不能高枕无忧地依赖于产品的至尊地位，因此，单个产品及品牌只能有短暂的生命周期。

1. 新品牌

新品牌是指处于市场导入期的品牌，即刚刚进入市场，消费者对其的认知较薄弱，还没有占据市场份额的品牌。对于此类品牌，从诞生之日起，生产、销售厂商一般都采取强化营销战略，力图使品牌有活力地发展，争取获得越来越多的市场份额。处于此发展周期的新品牌，应当树立行业正宗产品的市场形象，只有这样，才能在打开新品牌知名度的基础之上获得消费者的认可，最后发展成领导品牌。上海网球大师赛就是中国网球运动的新品牌，赛事的组织者正在通过宣传推广提升赛事的国际影响力。

2. 上升品牌

上升品牌是指处于市场发展期的品牌，即该品牌已经进入市场一段时间，不论产品活力还是消费者对它的认知程度都处于上升期。此类品牌已经拥有相当的活力，在市场中已经占据一定份额，有一定的知名度，但是还没有完全取得消费者的认同。处于这一市场周期的品牌应当树立规模运营的品牌市场形象，加强提升品牌形象的宣传活动。中国网球公开赛在全面升级之后影响力得到了极大的提升，加入了顶级赛事的行列，但是在历史底蕴和营销手段上跟四大满贯赛事还有不小的差距，因此属于上升品牌。

3. 领导品牌

领导品牌是指处于市场成熟期的品牌，即该品牌已经取得竞争优势，获得大部分消费者的认可，具有活力，市场份额稳定，居于该行业品牌的领导地位，如耐克、阿迪达斯、匹克等。一个品牌一旦居于领导地位，就会拥有广大的忠实消费者，只要其可以随着市场变换加以调整，并能跟得上社会变化，其品牌地位一般可以维持相当长的时期。此类品牌虽然已经取得了消费者的认可及尊重，但是仍然应该加强营销活动，应有计划地导入新商品，以求增加品牌的活化性，使其更加满足消费者的需求。因而在这一市场周期中，应当树立特定细分市场的领先品牌形象，并以活化性的活动来加强品牌影响力。

4. 衰退品牌

衰退品牌是指处于市场衰退期的品牌，即该品牌开始老化，逐渐失去活力，其产品数量开始缩减，市场开始衰退。因为市场环境的变化，既有品牌已经不适合新的市场环境，厂商一般将重点放在开发新市场上，往往以新品牌来取代原有品牌，重新开始新品牌的资产创造工作。不过，处于此市场周期的品牌厂商，一般可以采取以下三种策略：一是通过对该品牌产品的革新改进来避免此种商品市场利润的下滑；二是尽力开拓新市场，开发出能带来新利润的新产品，并将已获得的品牌优势转移到这些新的领域；三是采取规模经济，降低成本，增加该品牌产品的销售量，从而提升其营销的整体效果。

（四）按性质、价值和消费层次分类

按照性质、价值和消费层次的不同，可以将体育品牌划分为大众体育品牌和高档体育品牌。大众体育品牌是面向一般群体，以高市场占有率为特征的品牌。其特征是价格适中，但产量很高。高档体育品牌是指面向少数甚至极少数公众群体，以高定价、低产量为特征的品牌。例如，李宁、匹克等国内体育品牌都属于大众体育品牌，耐克和阿迪达斯的大部分产品实际上也属于大众体育产品，但是它们又专门开辟出了高端品牌，如耐克的360生活和阿迪达斯的三叶草，就是其旗下高端品牌的产品。

（五）按属性分类

从属性的角度来分类，可以将体育品牌分为体育产品品牌和体育企业品牌。体育产品品牌是以产品闻名为特征的，如"弓系列"的慢跑鞋就是李宁跑鞋品牌之一。体育企业品牌是以企业闻名为特征的，像耐克、阿迪达斯等便是如此。

确定这一分类，对于企业选择品牌发展之路是很有意义的，尤其是在企业进行品牌设计、品牌命名方面意义重大。在品牌特别是名牌林立的市场环境之中，新生企业集中宣传力量，希望在某方面有所突破时，更应该在这方面多做考虑。

（六）按形成方式分类

按品牌的形成方式来划分，可以将体育品牌分为以质量、销售、传播等不同侧重点取胜的品牌。

1.以质量取胜的品牌

这类品牌在同类产品中质量突出，但销售方式、传播形式都无所创新。许多早期品牌都属于这一类型，它们的传播主要是通过塑造良好口碑而形成的人际传播。

2.以销售取胜的品牌

这类品牌主要依靠销售手段和途径的创新，在销售网点上占有较高的覆盖率和市场占有率，从而在同质产品中取胜。像一些服装品牌，它们的产品质量并不突出，广告宣传也较少，但由大量的专卖店组成的高密度经销点，不仅促进了销售量的激增，也传播了品牌信息，取得了知名度。

3.以传播取胜的品牌

国内外有许多品牌，它们的质量和销售水平在同行业中并不显著，但由于品牌宣传水准特别出众，从而在竞争中占据了优势地位，树立了自己的品牌。

过去有一种观点，叫"好酒不怕巷子深"，但在今天这个信息社会里，如果只关注质量，完全忽视传播的作用，其结果只能是"好酒锁在深巷中，酒客欲饮无门径"。传播在品牌树立过程中有着极为重要的作用，而扩大品牌知名度的传播手段主要有广告、赞助、举办公益活动等。广告是提升品牌知名度的最主要手段，它传播信息快、覆盖范围广，效果明显。

（七）按技术含量分类

根据品牌的技术含量的不同，可以将体育品牌划分为高技术含量品牌和一般技术含量品牌。处于不同技术水平的企业都可以创出名牌。高科技含量的产品要创出名牌，不仅要比其他同技术含量的产品做得更好，还必须不断进行技术创新，把技术更新作为产品质量的主要内涵。

（八）按产品数量分类

根据品牌所包含的产品数量，可以将体育品牌分为单一产品品牌与系列产品品牌。

1. 单一产品品牌

只包容一个产品的品牌称为单一产品品牌。这类品牌因其形象单纯稳定，消费者易于识别和记忆，所以容易吸引稳定的目标消费者，从而获得成功。一般企业最初都以树立单一产品品牌为主。

2. 系列产品品牌

系列产品品牌是指一个品牌包容许多甚至是该名称公司下属的全部产品。系列产品品牌多由单一产品品牌发展而来。

第二节　体育品牌定位的思考方法

体育营销，主要就是借助赞助、冠名等手段，通过赞助体育活动来推广自己的品牌。其精髓就在于品牌价值与体育文化的融合。"李宁"选择NBA，就是考虑到NBA这种国际顶级赛事所诠释的运动理念，同李宁公司"激发潜能，超越自我"的品牌内涵可以相互交融、和谐统一，从而达到其品牌认知度在国际范围内传播效应的最大化。而这就涉及品牌定位的问题。

品牌定位是市场定位的核心和集中表现。品牌定位是经常向消费者宣传的那部分品牌识别，目的是有效建立品牌与竞争者的差异性，在消费者心智中占据一个与众不同的地位。品牌定位是一个立体概念，主要在消费者、竞争者和品牌自身三个维度上展开。这三者难以截然分开，而常常呈现你中有我、我中有你的局面。比如考察消费者时，往往要涉及他们对竞争品牌和品牌自身的看法。只有把这三方面综合起来考虑，才有可能找到一个比较完善有效的品牌定位。当然这并不排斥在一些情况下，对某两个维度的组合给予特别强调，这就构成了不同的品牌定位思考方法。

一、"消费者—品牌自身"方法

著名营销专家柯特勒用"策略营销的四个 P"精彩地诠释了寻找定位的过程："策略营销的第一步就是针对选定的市场进行调查，而且非做不可，一定要知道这个市场的情形，有些什么人在里面，他们需要什么……我称之为探查（Probing）。探查完毕之后，会发现消费者并不完全是同质的，当然不能以同一产品满足所有的人，所以称之为细分化，也可以说是分割化（Partitioning）。接下来就会发现没有足够的资源去满足所有细分市场内的消费者，因此必须从中选择，称之为排定优先顺序（Priorities）。最后一步是为自己定位（Positioning），也就是决定自己在该市场中的角色。"这项方法把消费者的需求摆在第一位，尽可能地加以满足，把品牌最有实力满足的那部分消费者作为目标消费者。竞争者的维度被弱化了，品牌有尽可能发挥自己实力的空间。与之相似的是策略营销中的 STP 营销，即细分市场（Segmenting）、选择目标（Targeting）、实施定位（Positioning）。

这种思路还有一个变体，即在权衡消费者和品牌自身时，把品牌自身放在第一位。不是寻找对哪些消费者来说品牌可以建构成他们理想中的模样，而是寻找对品牌来说哪些消费者符合他们预想的特征。这通常是一些不愿改变自己的品牌的做法，比较主观冒险。

二、"消费者—竞争者"方法

此方法又称寻找市场空隙法，较多地适用于一些还未问世的新品牌定位。市场蛋糕已经被竞争者切得七零八落，新进入者不愿一开始就硬碰硬，从他们口中抢食，便转而寻找一些他们还没有涉足的空白地带。只要这个剩余的细分市场具有鲜明特色，达到一定规模，能够赢得利润，便常常被选为新品牌进军市场的敲门砖。也有一些屡屡在热门细分市场的竞争中碰壁的老品牌，会尝试在冷门细分市场中另起炉灶。这是一种避开与强敌的正面冲突，从薄弱点异军突起的策略。被竞争者忽略的市场有时蕴含着巨大的潜力，关键是要能够突破常规视角，慧眼识珠。比如，消费者媒体往往依据性别、年龄、职业、收入水平、兴趣爱好等个人指标细分读者市场，各处都似乎早已有人跑马占地。但一家新创办的消费杂志通过一种不同的细分标准找到了一块颇有价值的空白市场。它按读者所处的家庭形态指标划分市场，发现新婚家庭和即将结婚的男女消费量大，且因缺乏经验急需各方面的信息，但却没有一种专门满足他们需求的媒体。这家杂志就定位在这一市场，结果很快取得成功。

三、"竞争者—品牌自身"方法

品牌定位从本质上来说都是消费者定位，因此这种紧盯竞争者、通常与其针锋相对的定位虽没有突出消费者，但"项庄舞剑，意在沛公"，真正关注的还是消费者。和上一种方法一样，它也发生在竞争对手十分强大、难以撼动的情况下。但与上一种方法不同的是，它不是改变审视消费者的角度，而是换一种眼光看自己与竞争对手的关系。市场竞争发生在不同层次，有产品形式竞争（以"德芙牛奶巧克力"为例，这将包括诸如"金帝牛奶巧克力"之类的许多种牛奶巧克力）、产品种类竞争（其他巧克力，包括杏仁巧克力、黑巧克力等）、类别竞争（其他糖果，如各种各样的硬糖软糖）或预算/需求优先竞争（其他食品诸如蛋糕，或是娱乐活动，如去电影院）。一定要弄清楚到底谁才是品牌最强劲的竞争对手。避免与强手短兵相接，挑选一些距离更远的方式与它竞争，不仅能缓冲它对品牌造成的影响，有时还能起到标新立异的作用。比如，"七喜"将自己定位为非可乐饮料，既避开了两大可乐品牌的直接影响，又给人带来耳目一新的感觉。

四、"消费者—竞争者—品牌自身"方法

这是最为充分的通盘考虑。下面来看看运用这种思路时要收集哪些方面的数据作为思考的基础。一是研究竞争态势，根据不同的购买或使用环境做出详细说明。同一形式或类别的产品（包括品牌自身和竞争者），在应用于不同的用途（如饮料可以解渴或用于与朋友社交）时，形成了不同的竞争态势。二是确定消费者对呈现在他们面前的各种各样替代品的选择依据，明确什么样的产品利益对消费者是最重要的。当然，并非所有的特征对所有消费者都同等重要。三是寻求确定什么是重要的以及它对每一个顾客 / 顾客群是何等的重要。如果消费者在这一阶段发生重要差异，则这种基于利益的分化对形成细分市场十分重要。四是确定竞争品牌及自身在重要属性上的地位，试图发现在不同的指标中各品牌所处的地位。五是用相同的指标确认消费者的要求，找到他们认为理想的品牌在各项指标中的位置。消费者要求方面的差异有助于形成基于不同要求和偏好的细分市场。六是将上面的所有因素组合起来，选择目标消费者与差异性优势，实施定位。一般都建议公司优先追逐那些吸引力较小，但相对于竞争者具有明显优势的市场；后追求那些有较大吸引力，但公司的优势或潜在优势只处于平均水平的市场。公司在其中占据劣势的市场则应予以避免。

第三节　体育品牌定位的具体策略

在体育品牌定位的前一阶段，要初步确立它的目标市场和竞争优势；而在品牌定位的后一阶段，要进一步确定以何种方式向目标市场传达这种竞争优势，制作出能被目标消费者接收和接受的信息，并通过种种渠道传送给他们。在这种信息中突出什么内容，主要用哪些方式发布这种信息，意味着品牌定位的不同策略。从下面的分析中可以看到，品牌怎样用言简意赅的方式攻占消费者的心灵。

一、产品特点为导向的定位

顾名思义，这种品牌定位策略将聚光灯打在产品的某项鲜明特点上。不过这种定位方法并不一定能长期奏效，因为某项新创的产品特点很容易被其他品牌模仿。但作为这种产品特点的首创者，或一贯的大力实践者，有可能在消费者心目中成为这种产品特点的代表，把特点长期地保持下去。例如，2000 年悉尼奥运会前后，农夫山泉的广告词就是"冠军的味道有点甜"。

二、因果关系为导向的定位

这是一种一把钥匙开一把锁的策略，宣称一种产品就是为解决生活中的一个问题而设计。当同一类产品中挤满了各种各样的品牌时，可用这种策略"擦肩而过"，显示各自术业有专攻。

三、竞争为导向的定位

这项以竞争者为基点选择界定品牌自身的策略，这里举一个类似的例子。为了与碳酸汽水争夺儿童市场，"Kool-Aid"饮料制作了这样一个广告：画面部分是一只玻璃水壶，在水壶表面上画有一个大大的笑脸，标题是"为什么这只水壶在微笑？"文案部分给出了答案："因为加糖的 Kool-Aid 价格只有汽水的一半；因为 Kool-Aid 有维生素 C，而汽水没有；因为 Kool-Aid 不含咖啡因，并不含碳酸盐；因为 Kool-Aid 牌的清凉混合饮料含有那些孩子们喜爱的极佳水果味道，痛饮浅尝两相宜。做聪明的选择，选 Kool-Aid，代替汽水。"这种定位策略和前面的两种采用同一套产品评价指标，都是为了表现本品牌产品的长处。前两种是从正面宣告，这一种则是用竞争者来反衬。

四、目标市场为导向的定位

此种品牌定位策略并非只简单重复选择市场中的哪一块为目标消费者，

而需要从更深层次把品牌与特定消费者的生活形态、生活方式等方面联系起来。这要求品牌在各方面都做到与之相称，追求细节完美，不会有前后矛盾的地方。定位在普通民众阶层的产品一般不能包装豪华、价格昂贵，而从另一个角度来看，"特步"则采取另一种方法。它通过高端赛事营销，与 CCTV-5 联合，实现品牌梦想。

五、利益为导向的定位

这是在同类产品品牌太多、竞争激烈的情况下可以采取的另一种策略。通过突出各自能为消费者带来哪些利益来避免撞车，使消费者能按自身偏好和对某一利益点的重视程度，将不同品牌在头脑中排序，置于不同位置，在有相关需求时更迅速地选择商品。这些需求不仅仅是为了解决某一实际问题，而几乎能满足人们在马斯洛需要理论中从低到高各种层次的需求。比如在汽车市场，"富豪"强调"耐久安全"，"马自达"自称"可靠"，可满足人们对安全的需要；"宝马"宣扬"驾驶的乐趣"，"菲亚特"标榜"精力充沛"，能满足人们自尊和受尊重的需要；而"奔驰"则用"世界元首使用最多的车"显示自己象征着"高贵、王者、显赫、至尊"，以满足人们自我实现的需要。再如，光明乳业将运动与健康紧密结合，提出"活力 e$^+$，健康一家"的品牌定位。

六、情感为导向的定位

美国市场营销专家菲利普·科特勒认为，人们的消费行为变化分为三个阶段。首先是量的消费阶段，然后是质的消费阶段，最后是感情消费阶段。在第三阶段，消费者最看重的是品牌与自身的关联程度，会选择那些能满足自己某种情感渴求或正好与理想概念相吻合的品牌。顺应消费心理的变化，实施恰当的情感定位可以唤起消费者的共鸣。比如，"孔府家酒，叫人想家"传神地表达出人们对家庭团圆的期盼，弥漫着一种温馨的情感。而田田珍珠口服液以"田田珍珠温柔女性"为主题，塑造了"自然、清新、纯洁、健康、迷人、温柔"的品牌形象，获得了女性消费者的认同。而农夫山泉则提出一分钱行动，买一瓶水，为北京奥运、希望工程等捐一分钱，传递出支持奥运、热心公益的品牌形象。

七、功效为导向的定位

消费者购买产品主要是为了获得产品的使用价值，希望产品具有所期望的功能、效果和效益，因而以强调产品的功效为诉求是品牌定位的常见形式。很多产品具有多重功效，定位时向顾客传达单一的功效还是多重功效并没有绝对的定论。但由于消费者能记住的信息是有限的，往往只对某一强烈诉求容易产生较深的印象，因此，向消费者承诺一个功效点的单一诉求更能突出品牌的个性，获得成功的定位。如洗发水中飘柔的承诺是"柔顺"，海飞丝是"去头屑"，潘婷是"健康亮泽"；舒肤佳强调"有效去除细菌"；沃尔沃汽车定位于"安全"；新飞欧洲能效 A$^+$ 冰箱诉求"节能"效果；北京现代则是能带你进入"追求心驰神往的优越境界"。

八、品质为导向的定位

品质定位就是以产品优良的或独特的品质作为诉求内容，如"好品质""天然出品"等，以面向那些主要注重产品品质的消费者。适合这种定位的产品往往实用性很强，必须经得起市场考验，能赢得消费者的信赖。如三鹿乳业定位于"优质、诚信"，蒙牛高钙奶宣扬"好钙源自好奶"。企业诉求制造产品的高水准技术和工艺也是品质定位的主要内容，体现出"工欲善其事，必先利其器"的思想，如乐百氏纯净水的"27 层净化"让消费者至今记忆深刻，长富牛奶宣传的"全体系高端标准奶源，全程序高端标准工艺，纯品质完全本真口味"给人以不凡的品质印象。

九、企业理念为导向的定位

企业理念定位就是企业用自己的具有鲜明特点的经营理念和企业精神作为品牌的定位诉求，体现企业的内在本质。一个企业如果具有正确的企业宗旨，良好的精神面貌和经营哲学，那么，企业采用理念定位策略就容易树立起令公众产生好感的企业形象，借此提高品牌的价值，光大品牌形象。如"IBM就是服务"是美国IBM公司的一句响彻全球的口号，是IBM公司经营理念的精髓所在；金娃的"奉献优质营养，关爱少儿长远身心健康"，使家长觉得金娃是一个有责任心与爱心的品牌，从而对金娃产生认同；飞利浦的"让我们做得更好"、诺基亚的"科技以人为本"、TCL的"为顾客创造价值"、招商银行的"因您而变"等都是企业理念定位的典型代表。作为中国汽车行业领导者之一，一汽大众与体育的渊源由来已久。以"谨慎之道"的企业理念，从推广赛车事业到各类体育竞赛赞助，将品牌文化和企业理念很好地融入了体育的内涵，有效地传达给目标消费者。

十、自我表现为导向的定位

该定位通过表现品牌的某种独特形象和内涵，让品牌成为消费者表达个人价值观、审美情趣、自我个性、生活品位、内心期待的一种载体和媒介，使消费者获得一种自我满足和自我陶醉的快乐感觉。如果汁品牌"酷儿"的"代言人"大头娃娃，右手叉腰，左手拿着果汁饮料，陶醉地说着"QOO……"，这个有点儿笨手笨脚，却又不易气馁的蓝色酷儿形象正好符合儿童"快乐、喜好助人但又爱模仿大人"的心理，小朋友看到酷儿就像看到了自己，因而博得了小朋友的喜爱；浪莎袜业锲而不舍地宣扬"动人、高雅、时尚"的品牌内涵，给消费者一种表现靓丽、妩媚、前卫的满足心理；夏蒙西服定位于"007的选择"对渴望勇敢、智慧、酷美和英雄的消费者极具吸引力。

十一、生活情调为导向的定位

生活情调定位就是使消费者在产品使用的过程中能体会出一种良好的令人惬意的生活气氛、生活情调、生活滋味和生活感受，而获得一种精神满足，该定位使产品融入消费者的生活中，成为消费者的生活内容，使品牌更加生活化。如青岛纯生啤酒的"鲜活滋味，激活人生"给人以奔放、舒畅和激扬的心情体验；美的空调的"原来生活可以更美的"给人以舒适、惬意的生活感受；云南印象酒业公司推出印象干红的广告语为"有效沟通，印象干红"，赋予品牌在人际交往中获得轻松、惬意的交流氛围，从而达到有效沟通的效果。

十二、类别为导向的定位

该定位就是与某些知名而又属司空见惯类型的产品做出明显的区别，或将自己的产品定位为与之不同的另类，这种定位也可称为与竞争者划定界线的定位。如美国的七喜汽水，之所以能成为美国第三大软性饮料，就是由于采用了这种策略，宣称自己是"非可乐"型饮料，是代替可口可乐和百事可乐的消暑解渴饮料，突出其与两"乐"的区别，因而吸引了相当部分的"两乐"转移者。又如，娃哈哈出品的"有机绿茶"与一般的绿茶构成显著差异，江苏雪豹日化公司推出的"雪豹 fe 生物牙膏"与其他的牙膏形成区别，也都是类别定位策略的运用。

十三、对比为导向的定位

对比定位是指通过与竞争对手的客观比较来确定自己的定位，也可称为排挤竞争对手的定位。在该定位中，企业设法改变竞争者在消费者心目中的现有形象，找出其缺点或弱点，并用自己的品牌进行对比，从而确立自己的地位。在止痛药市场，美国的泰诺击败占"领导者"地位的阿司匹林，也是采用这一定位策略，由于阿司匹林有潜在的引发肠胃微量出血的可能，泰诺就宣传"为了千千万万不宜使用阿司匹林的人们，请大家选用泰诺"；又如，农夫山泉通过天然水与纯净水的客观比较，确定天然水优于纯净水的事实，宣布停产纯净水，只出品天然水，鲜明地亮出自己的定位，从而树立了专业的健康品牌形象；再如，东风悦达起亚率先在轿车领域以代言人策略完成对品牌形象的塑造，在 2004 年雅典奥运会之际选择刘翔做代言人，以低于竞争对手的媒体费用支出，从雷同的竞争者广告中脱颖而出。

十四、生活理念为导向的定位

该定位将品牌形象和生活理念联系在一起，将品牌形象人性化。这样的生活理念必须是简单而深奥的，能引起消费者内心的共鸣和对生活的信心，产生一种振奋人心的感觉，催人上进，甚至成为消费者心中的座右铭，从而给消费者以深刻印象。纳爱斯雕牌的一则广告中,将"努力就有机会"这一简单而深奥的生活真理融入品牌,让人无限感慨,尤令下岗工人感动,品牌自然叫人喜欢;劲霸男装的广告很短,但十分精练,只强调"奋斗,成就男人",这让男人深感依恋,让男人有一种奋斗的动力,因为男人深感只有努力奋斗,才会有所成就。李宁在广告中以现代版的"青蛙王子"为喻,为平凡的你、我、他打造出了属于自己的精彩体育世界。

品牌定位还有一些其他策略,这里不再一一赘述。但不管是哪种策略,在使用时一般都会面对两个问题。第一个问题是如何将不同的定位策略结合起来使用。虽然我们一直提倡在表述定位时遵循短小精悍的原则,尽可能避免横生枝节,但定位毕竟同时牵涉消费者、竞争者和品牌自身三方面,一个完整的品牌定位方案,不会只有孤零零的一项内容,有主还要有辅,在三方面都有一个打算才行。所以对这些策略可以综合考虑,不是总共只挑一个,而是要在各方面都挑一个,再把这三个合为一个整体。第二个问题是如何在不同的策略与策略组合中寻找理性价值和感性价值的平衡点。传达给消费者的品牌定位就像一篇本品牌产品好处说明书,在这份篇幅有限的说明书上,提哪些"确实"(看得见摸得着)的好处和哪些虚一点(想得到)的好处,两者分别占多大比例,使用什么样的排列顺序,都需要细加推敲。特定的产品类别往往决定了品牌的理性或感性气质,你不能让铁锅承载多少美丽幻想,也不能用香水代表多少尖端科技。品牌定位要帮助品牌个性在它能够活动的范围内极力张扬。

第四节 不同种类的体育品牌定位

在已经明确品牌目前所处的位置及设定品牌将要占据的位置后,怎样将理想变为现实,可能要付出不同程度的努力。当品牌的理想定位与现实定位比较接近时,只需要尽量维持现状。而当理想定位与现实定位距离较远时,往往需要对现状做出很大改变,甚至全部推倒重来。

一、巩固已有的定位

当现有的定位是一个有利的定位（该定位很接近目标市场的需要，并且与竞争者截然不同），往往只需要巩固该定位，通过保持类似的产品结构及类似的营销沟通来实现。艾·里斯和杰·特劳特指出，从心理学角度来看，人们通常容易记住位居第一的事物。因此，品牌定位时最好能和"第一说法、第一事件、第一位置"等方面挂上钩，以便在消费者心中占据难以忘怀、不易浪淆的优势地位。这种"第一"定位如能运用成功，品牌将被消费者认定为某一产品类别的等价物，提到这类产品时马上会联想到这种品牌。比如，"舒立滋"（Schlitz）啤酒足以成为淡啤的化身；一提到汉堡包，人们马上想到麦当劳；等等。采用这种定位的例子有"果冻，我要喜之郎"，等。

这是否意味着如果品牌当不上市场的领导者，就必须改变现有的定位呢？艾维斯公司的例子告诉我们并非如此。市场的领导者毕竟凤毛麟角，如果只能做第一，那岂不是把细分市场又变回了大众市场？拿不到综合性的十项全能冠军，还可以争取各个单项第一。艾维斯虽不是行业领导者，但努力程度有望排第一。即使在单项指标上没法确定是不是第一，只要在这方面做得比市场领导者好，就有可能发展成一个有利的定位。这是一种比较定位方法，通过和市场领导者等强力品牌发生关联，显示自己在一些方面比他们做得更好，来赢得消费者的另眼看待。这样做能借力使力，迅速将品牌提升到一个高起点，而且比较有可操作性。因为总成绩第一的人不一定能每个单科都拿第一，集中在一两门功课上多下功夫是有可能在这几门上超过他的。只要选准对消费者确定有吸引力的单项指标，这种"小第一"定位在攻心方面同样无往而不胜，是另一种值得巩固并继续发扬光大的定位。

二、改进型的重新定位

当现有定位具备一定效用，但还算不上足够有效时，往往需要找到阻碍效用充分发挥的关键点，对定位进行调整修正。问题可能发生在对目标市场的选择上，由于纳入了一些外围市场使核心的细分市场不够突出；也可能发生在对竞争优势的选择上，品牌还没有亮出自己真正的"杀手锏"；还可能是在和目标消费者进行沟通时，想要传达的信息表现得不够准确清晰……总而言之，是在对定位进行预设或执行的过程中发生了一些偏差。这个问题看似简单，不准就照着准确的校正，但困难是没有人能说得清楚，到底什么样的定位能被称作完美的准确定位。增之一分则长，减之一分则短。作为定位依据的市场调查无法确保收集到的数据能一点不差地表现市场的真实情况。另外，定位虽尽可能地立足于数据，却不可能不包括一些主观设想。因此，对如何定位没有什么标准答案，条条大路通罗马，很多细节部分都需要反复摸索才能最终确定。所以说定位是一个长期过程，不能一开始就把话说得太绝，要留下可供修改的余地。

定位本身的性质决定了即使在面对一个比较稳定的市场时，品牌定位也难以一锤定音。此外，消费市场和竞争者也经常在变，品牌定位如果不紧随一些最新变动，将会陷自己于极为不利的被动之中。当顾客的愿望正在变化或将要变化，当能让顾客满意的技术正在发展时，品牌定位常常得义无反顾地跟着走。比如，英国的"珀西尔"洗衣粉在半个世纪内持续不断地适应洗涤习惯与顾客要求的变化，伴随着顾客使用洗衣粉从手洗到机洗，从上载洗衣机到前载洗衣机以及最近出现的低温洗涤等许多变动，该品牌不断调整着产品配方及与消费者的沟通策略。又如，世界上最成功的快递公司之联邦快递一发现其他亚洲快递公司正在效仿自己，以快速服务为定位，就马上开展了一场声势浩大的宣传运动，以中国羽毛球队为广告代言人，提出无论条件如何恶劣，联邦快递都会保证交货这样的理念，从而巩固了公司的整体形象，确保了品牌的领先地位。

三、根本性重新定位

当品牌定位的目标市场与自身不对路或没法从竞争中脱颖而出时，一般需要果断地重新定位。原有的定位失误可能源自严重错误的调查数据或分析思路，因为你不知道到底是哪里有个大漏洞，所以与其一点点排查以及在不知不觉中深陷错误的泥潭，不如干脆重新开始来得更快。根本性的重新定位，可能意味着进攻一个全新的细分市场。本田的喜美（CIVIC）三门车，最初在中国台湾地区推出时，定位为"满足潜意识的自我，是浪漫前卫的新个人主义实现"，目标消费者是 25~35 岁，个人年收入在 30 万元台币的男女青年。据此拍摄的一系列电视广告效果良好，媒体接触率、品牌认知度都很高，但车的销量却在不断下降。经过调查公司发现，消费者并不认同它的跑车定位。不购买的原因是"进出后座不方便"以及"车身小，不太适合全家人使用"，因而转向购买四门车。调查结果使公司认识到原有的定位不当，必须重新进行定位，经过概念测试喜美三门车是孩子最安全的乘坐空间"这一概念得到最广泛认同，因此公司将产品重新定位为家庭用车，目标消费者扩大为有 13 岁以下儿童的家庭。广告从原来"前卫、浪漫、个性化"的诉求改变为"安全性"诉求，重点改变消费者对三门车后座的看法，将原来的缺点（后座没有门）变成优点（保证孩子安全）。重新定位扭转了销售滑坡局面，使销量不断上升。

很多时候品牌定位的改变牵一发而动全身，使整个营销组合都发生重构。万宝路刚进入市场时，从产品的口味选择到包装设计，都致力于明确的目标消费群——女性烟民。但万宝路一直销路平平被迫停产。后来广告大师奥贝纳沿用万宝路品牌名称，将它立为男子汉香烟，并把它与最具男子汉气概的西部牛仔联系起来，产生了自由、野性与冒险的品牌形象。

第五节　品牌定位中应注意的几个问题

一、实现品牌定位中严谨与创造的有机结合

品牌定位很多时候都需要看"别人的脸"行事，准确把握消费者的脉搏是成功定位的重要基础。因此，一定要保持严谨的态度，不能想当然、马马虎虎。但不出差错地跟上别人的节拍就可以了吗？攻占的可是人们最复杂、最喜怒无常的心灵，机械的、冰冷的东西被拒之于心门之外。定位需要睿智的头脑，需要丰富的感情、需求的视角，需要大胆的创造。一方

面要立足现实，不能天马行空地想；另一方面又要突破常规，让消费者能眼前一亮，心中大喜。严谨与创造这两方面既相互制约又相互促进。搜集、处理各种数据必须严谨精细，但分析数据时可以创造性地从不同角度尝试，正向、侧向地多维思考。设计定位方案时要勇于创造，努力挖掘被竞争的部分，但测试方案可行性时则要严谨地小心求证，深入现实。做到构思中富于创见，执行时一丝不苟。

二、实现广告与品牌战略定位的统一

品牌定位的框架中涉及简单与复杂，主要有两种含义。一种是涉及简单与复杂的转化问题。品牌定位有时看上去很简单，就是广告词，有时它又变得很复杂，被称作品牌战略定位，被描述成指示企业所有战术营销活动，这是品牌定位在不同层次的不同表现形态。对外，该精练传神的时候，要选择什么浓缩为品牌定位的核心；对内，该详尽周密的时候，要找到哪些方面与品牌定位进一步关联。无论品牌定位是以简单还是复杂的面貌显现，都需要经过一系列的复杂操作。另一种是涉及简单与复杂的选择问题。一个品牌可以只涵盖一种产品，也可以涵盖一系列产品。定位大师艾·里斯和杰·特劳特认为还是尽可能简单点好，一复杂火力就不够集中，收不到好的定位效果。如果是用同一个水果罐头品牌包含不同口味的产品，情况还能勉强维持。但要是用一个品牌代表两种迥然不同的产品，就会发生所谓的跷跷板现象，一种上来时，另一种就要下去，无法维持双赢，还不如干脆分解为两个品牌。

三、实现定位样式调整与定位理念坚守的统一

在这个急速变化的时代，怎样维持品牌定位的相对稳定成为一个较难把握的问题。不跟着变，怕落伍；变得太勤，又担心面目全非。众多的小变化中哪一个才能发展为未来的主流方向，变到什么程度时品牌定位应该跟进；这种变化在维持了多久后会开始由盛转衰，变到什么程度时品牌定位应该对它弃守转而寻找更富生机的新兴力量，这些都是值得深思的。变化无处不在，充满希望也暗藏陷阱，能促使品牌定位的表现达到高峰或低

谷，也可以是今年河东明年河西。从严格意义上讲，没有哪一种品牌是一成不变的，只是有一些在变化中迷失了自己，有一些却能在变化中逐渐形成一些不变的稳固特质。定位在不断地应变、不断地调整，就像一个人在每一天、每一月、每一年分别会制定出对自身的不同规划。当实践这些规划的一天天、一月月、一年年过去时，品牌的个性也渐渐成形。定位的模式也许需要不时改变，但支撑定位的理念却可以长期坚守。

四、实现产品差异化与品牌定位的有机结合

为正确理解品牌定位与产品定位的关系，必须首先澄清品牌定位不等同于产品差异化。品牌定位与产品差异化既有关联，又有显著区别。传统的产品差异化是在产品供过于求的条件下，生产者对现有产品的变异求新，以实现与竞争者产品的差异，其差异化主要通过产品本身的性能和质量等有形因素来实现。而品牌定位则不同。品牌定位不仅仅是为了实现产品差异化，也是为了实现品牌差异化。随着市场竞争的日益加剧，同一行业中各企业产品的差异化越来越难以形成，如何利用影响消费者选购产品时的有形因素及其给消费者带来的物质和功能性利益，更注重利用产品的风格、文化、个性等无形因素及其给消费者带来的精神和情感性利益，来塑造企业及其品牌的独特而有价值的形象，以期占据有利的心理据点，就成了企业竞争的理性选择。可见，产品差异化不是品牌定位的全部内容，它是品牌定位的基础或手段。品牌定位是全新的、更高层次上的营销思路与营销战略。

五、实现品牌定位与品牌推广的有机结合

品牌定位从产品开始，除了产品定位以外，作为品牌定位的重要内容的就是品牌整合营销传播过程中的广告诉求。必须承认，品牌广告诉求作为企业与消费者沟通的主题，是品牌个性的重要体现，没有目标顾客认同的诉求主题，品牌定位也难以实现，甚至是不可能实现的。但是，过分夸大广告诉求的作用，进而仅仅以品牌广告诉求来认知品牌定位是片面的。没有与广告诉求相一致的产品，那么，广告宣传的生命力、广告宣传的效

果就不能持久存在。因此，可以说，品牌定位是以产品定位为基础，以广告诉求定位为保障，通过各种营销手段的整合运用塑造品牌形象的过程。品牌定位蕴含产品定位，又依赖于宣传定位，品牌定位最终所体现的让消费者所感知的品牌形象与个性是产品定位与宣传定位的有机结合。

第二章 体育品牌价值

第一节 品牌价值的含义

一、品牌价值概述

一个好的体育产品品牌就好比是一张城市名片，代表着这个城市的魅力和价值。比如说，消费者想买双性能好的运动鞋，他们大多数会想到耐克、阿迪达斯等著名的运动品牌。品牌内在的无形价值，刺激着消费者的购买欲望。

世界体育用品联合会最新调查报告显示，"中国已经拥有全球65%以上的体育用品生产份额""中国的运动鞋生产已经达到世界年产量的80%"。不过品牌专家指出，现在中国只是世界体育用品生产大国，而不是品牌强国。

目前中国服装出口居世界之首，年创汇200多亿美元，但平均每件售价仅为32美元。同样的中国服装如果贴上名牌商标，在意大利、法国或以色列等地，就可以卖到几百美元一件。是品牌价值这个巨大的无形资产，让改头换面的服装身价倍增。

列为20世纪末全球60大品牌的可口可乐的总裁伍德拉夫说，即使可口可乐公司在全球所有的工厂一夜之间化为灰烬，但凭借"可口可乐"这块牌子，它也能很快起死回生。因为可口可乐的牌子放在世界任何一家公司头上，都会因它的价值带来滚滚财源。

品牌，可以让产品摇身一变而身价百倍，可以让无名之辈一炮走红，甚至可以让西山薄日卷土重来。品牌就像无所不能的魔术师，而让它充满力量与魔法的，正是蕴含于其中的品牌价值这根魔杖。有学者指出，品牌是企业知名度、形象、信誉和质量等的标记，蕴藏着巨大的潜能，只要不断开发，即可释放出不可估量的能量，它具有极高的社会价值和经济价值。品牌，是信息时代的核武器。

既然品牌价值具有如此神奇的一面，认识它自然具有非同寻常的意义。那么品牌价值到底是什么？下文将在揭示品牌价值本质的基础上，对品牌价值的构成以及品牌价值的来源做定性分析，揭开品牌价值的神秘面纱。

二、品牌价值的内涵

（一）关于品牌价值

品牌价值源于市场，即消费者对品牌的认可、信赖与忠诚的观点受到推崇，也就是品牌承诺。具体到品牌价值的界定，大体上有两种看法，一是定位说，二是资产说。

1. 定位说

定位说认为，品牌价值让消费者明确、清晰地识别并记住品牌的利益点与个性。一个成功的品牌通常都拥有其独特的核心价值与个性。比如，耐克给消费者传达的是快乐、让人振奋的感觉，阿迪达斯则是主张活力新生代的选择。又如汽车，劳斯莱斯品牌价值定位是"皇家贵族的坐骑"，宝马则是"驾驶的乐趣"，沃尔沃则定位于"安全"。还有海尔的"真诚到永远"，诺基亚"科技以人为本"，雀巢咖啡"味道好极了"，万宝路"西部牛仔雄风"，金利来"充满魅力的男人世界"……这里的品牌价值，实际上指的是一个品牌在日益趋同的市场竞争中，能够脱颖而出、独树一帜、赢取消费者信赖与选择的关键战略核心概念。这个概念就是对产品的定位，这种定位一旦确定，通常便不会轻易被更改，而是持之以恒地贯彻下去。在随后的广告营销中，就算广告不停变换，但换的只是表现形式，主题和概念并不会改变。如沃尔沃的宣传重心一直是"安全"，从未听说沃尔沃头脑发热去宣传"驾驶的乐趣"。久而久之，沃尔沃品牌在消费者大脑中就有了明确的印记，这种印记就是品牌的价值定位。

2.资产说

资产说是品牌价值的另一种观点，它有如下一些见解。

加利福尼亚大学伯克利分校的大卫·埃科博士是品牌价值领域的理论权威之一，他定义品牌价值是"一组品牌的资产和负债，它们与品牌的名称、标志有关，可以增加或减少产品和服务的价值，也会影响企业的消费者和客户"。埃科教授把这些资产和负债分为五部分：品牌忠诚度、品牌知名度、品质认知度、品牌联想和其他资产。

美国学者 Lynn B.Upshaw 在其所著的《塑造品牌特征》一书中也指出："所谓品牌价值是指品牌的净值、财务状况和其他相关的部分。"在书中，他把品牌价值分为两部分：品牌评价和品牌特征。其中品牌评价是指对直接表现品牌价值的那些要素所进行的评价，品牌特征是品牌定位和品牌个性的产物。

我国也有大量学者持同样观点。王珏在《消费者评价决定品牌价值》一文中写道："品牌价值的含义十分广泛，其中最主要的两大范畴：一是从公司买卖方面衡量，品牌价值可以表述为品牌的现金价值；二是以品牌资产衡量的品牌价值，这是比较普遍的定义。"

甚至有人这样表述："品牌资产是一种超越生产、商品、所有有形资产以外的价值。"但不管如何表述，实质上是概念的转换，与"价值是资产"传达的是同样的信息内容。

资产说的观点主要是出于评估和市场收购的目的。当通常说某某品牌价值多少亿美元时，已经承认了品牌价值的资产化。无论是有形资产还是无形资产，各个评估机构都有相应的评估方法，来获得一个量化的结果。世界上关于品牌价值的评估体系有多种，最早的是英国国际品牌公司（Imerbmnd）的评价体系，影响最大的是美国《金融世界》的评价体系。在中国，目前主要流行的是北京名牌资产评估事务所的评价体系，同时也有某些杂志介绍的美国品牌权益的测评体系。

从以上可以看出，目前还缺乏一个备受推崇的品牌价值的学术定义。定位说和资产说两种观点看似不同，实际上密切相关。一个品牌只有找到了真正的独特定位，才有可能争取消费群体，才有可能在市场竞争中立足，并创造利润获取回报，也即可转化为资产。所以，二者在内涵上是相通的。但综合二者观点可以得出，品牌价值是基于品牌准确定位而获取消费群体的青睐，赢得市场利润的资产以及为寻求这种准确定位而凝结的脑力劳动和体力劳动成果的总和。也就是说，品牌价值包括有形资产和无形资产，同时它是一个可量化的概念。在认识品牌价值时，首先要认识到品牌是可以买卖的。品牌一旦塑造，往往成为一个国家（民族）经济实力的一部分，同时也是经济实力强弱的表现，对一个国家（民族）的经济发展起着领头羊的作用。因此，品牌的使用价值就应该是品牌对于消费者、品牌所有者（通常是企业等）、国家（民族）的物质效益、情感效益、经济效益、文化效益和社会效益的总和（具体表现将在下面的章节详细论述）。

从价值角度看，品牌的价值应该为凝结在品牌塑造、定位、延伸诸过程中的无差别的人类脑力劳动和体力劳动的总和。品牌是一个类似资本性质的增值性商品，它的外在价值远大于内在价值本身。也就是说，品牌一旦塑造，就具有了潜在的增值性，它可能给品牌所有者带来多少利益和效益的潜能，才是品牌价值的真正核心所在。

有一点需要强调，本章虽以商品品牌价值为论述重点，但所界定的品牌价值并不限于通常意义上的商品。换言之，品牌的主体是多元的，小到个人品牌价值、商品品牌价值，大到企业品牌价值、高校品牌价值、区品牌价值，再宏观些，一个国家也有它的品牌价值。比如，在这个需求个性张扬和自我尊重的时代，个人品牌价值的塑造与评估也越来越受到人们的重视。笔者认为，不管是个人，还是企业等实体，只要实体符合本书界定的品牌范畴，换言之，只要它满足品牌的要素，就拥有品牌价值，就可以通过评估手段来量化。那么，当我们面对这些天文数字般的品牌价值时，应该知道这些数字是如何而来的，或者说，品牌价值到底源于哪里，它的实质是什么，是什么让它成为一个天文数字。这些都是接下来需要探讨的问题。

（二）品牌价值的实质

品牌价值的实质是品牌力，也可称之为品牌权力。品牌权力的大小决定了品牌价值的大小，品牌权力的变化引起品牌价值的变动。

要弄清楚品牌权力，首先应该明确品牌的内涵，它可以从法律与市场两个层面来理解。

从法律层面看，品牌是一种商标，商标权是品牌在法律意义上的权利。商标权又称商标专用权，即商标注册申请人对经过商标主管机关核准注册的商标所享有的独占使用权。商标专用权赋予商标权人专用其注册的商标，排除其他任何人使用。也就是说，商标权人拥有制止其他任何企业与个人在相同或相似商品上使用与该注册商标相同或近似的商标的权力。商标权人有权按照自己的意志处置其商标权，可以依法进行转让，也可以通过签订使用许可合同允许他人有偿使用自己的商标。商标权人如遇到他人侵犯自己的商标权时，可以依法要求法律保护。这些都是品牌作为商标的法定权力。

从市场层面看，品牌作为产品的牌子，代表了该产品的性能、质量、文化内涵、市场定位、满足效用的程度、消费者的认知程度等，从而决定了消费者对该品牌产品的信任和忠诚程度，它形成品牌的市场控制力。

从企业与竞争对手的关系看，品牌又代表了企业产品在市场中的影响能力、生存能力、市场份额以及市场占有率等，所有这些形成了品牌的市场竞争力。我们把品牌对市场的这种控制力与竞争称为品牌的市场权力。

由此可知，所谓品牌权力，就是品牌的法律权力与市场权力的有机统一。在现代市场经济条件下，如果品牌的法律权力没有品牌的市场权力做支撑，品牌就只能是一个单纯的法律名称或标记而已，这种品牌也就没有任何的经济意义。

在现实社会的品牌实践中，有些企业不断变换品牌或商标，自动放弃这些品牌的商标权的原因就在于此；有些企业注册的"防御性商标""备用商标"并未投入市场营运，也不具有市场权力。反之，如果品牌不具有法律所确认的上述各项商标权力，品牌的市场权力就难以形成，即使取得了也因得不到法律保护而难以持久。因此，只有将品牌的法律权力与市场权力有机统一起来，才能形成真正的品牌权力，并发挥品牌权力在市场营销活动中的作用，实现企业的营销目标。

那么，品牌价值与品牌权力的关系如何？从现象上看，品牌价值与品牌权力是两个不相同的概念。品牌权力属于法律或市场领域范畴，而品牌价值却属于经济范畴。但从本质上看，两者都以消费者满意和品牌忠诚为基础。前面的分析表明，在品牌权力构成中，品牌的市场权力是主要的权力，而市场权力实质上就是品牌对消费者的控制。这种控制不是行政或法律的强制，而是以消费者自愿接受控制为原则。要实现这种控制，首先要使消费者对品牌产品满意。所谓消费者满意，一般理解为消费者对所购产品或服务的期望水平与实际功效之间的比较。如果消费者对所购产品或服务的实际功效超出了其期望水平，他就感到满意；反之，就会后悔。如果消费者对某种品牌感到满意，就会通过自己的长期反复购买逐渐建立起自己的品牌偏好，甚至最终形成个性消费的品牌忠诚，从而在某一领域始终垂青于一个或少数几个品牌。这样，企业就实现了品牌的市场控制目的。

在品牌忠诚者人数增加和品牌忠诚程度提高的情况下，品牌的这种市场控制力会不断增强。这种品牌控制力可以对消费者群体起示范作用，对吸引新的消费者产生积极的影响，对其他竞争者就是一个无形的障碍。在这样的一种品牌忠诚市场，竞争者要进入很困难，即使进入，想要提高市场占有率也很不容易。总之，品牌权力的基础是品牌忠诚度。在经济生活中，它表现为品牌的市场控制力和品牌竞争力。企业通过取得品牌权利，最终可以创造利润并实现品牌价值。

（三）品牌价值的分类与构成

如前文所述，从品牌主体上分类，品牌价值有三个层面的类别：①微观意义上，有个人的品牌价值、商品的品牌价值等；②中观意义上，有企业、高校、团体、地区的品牌价值等；③宏观意义上则主要是指国家、民族的品牌价值等。

还有一个比较普遍的分类是从资产评估的角度进行的。有的表述为内在价值和交易价值，有的表述为评估价值和市场收购价值。前者指的是一个品牌包括塑造、增值和潜在效益的所有劳动价值与有形、无形资产价值的总和，而后者主要指的是品牌用于收购买卖时经评估所获得的一个交易价值。

关于品牌价值的构成，国内学者的主要观点如下。

王珏在《消费者评价决定品牌价值》一文中写道，品牌价值包括两方面内容：定量化价值与定性化价值。它们以一种"实质性伙伴关系"共同影响和作用着，并决定着品牌的地位和价值。品牌的定量化价值包括品牌所代表产品的销售量、产品所占有的市场份额等指标，这些指标的获得与测量比较容易，但却缺乏统一的操作标准和衡量标准，往往合理地确定出一个"最佳销售量（点）"就够了。而品牌的定性化价值却完全不同。如今，产品的实物价值在决定品牌的市场地位中的作用不断降低，品牌价值的衡量因而需要加入一些新的指标，其中首先就是品牌价值中的非物质因素和情感因素。"情感销售量（点）"日趋成为品牌的定性化价值及全部价值的核心决定因素，而其中极为关键的则是消费者对品牌的参与度，消费者对品牌及创造品牌公司的信任和依赖，对品牌的忠实以及对品牌的感情上的接受和拥护都会极大地影响品牌的情感销售量。可口可乐成功的一个重要原因即在于其可观的情感销售量上，因为它符合美国人的生活方式——快乐和自如，它创造了全世界人类都能够识别的情感化世界，成为现代生活的一部分。

张昆仑在《商标品牌价值构成探究》一文中认为，品牌价值由下列一些因素构成。

（1）劳动价值。这里的劳动，特指构思设计商标品牌名称及图案劳动。一般来说，这种劳动所创造的价值是颇为微小的。但价值再小，也是价值，这是不能否定的。我们还必须注意到，随着市场经济的发展，企业越来越重视企业形象及产品形象设计，因而往往不惜采用重金悬赏的方式征集商标品牌的设计方案，在这种情况下，构思设计品牌符号的劳动价值自然就大为提高了。

（2）质量价值。显而易见，企业的商标品牌，只是一些图案、文字的符号，消费者购买商品，不过是以这些图案、文字作为辨识的标记，而实际消费的对象则是商品的实体本身。因此，从根本上来说，商标品牌价值含量的大小，是由商品实体的性能质量状况决定的。显然，商品性能质量差，其品牌"含金量"就低；反之，则高。质量之所以也具有价值，是因为质量也是由劳动创造的。一般来说，产品质量越高，凝结的劳动量就越大；反之，就越小。

（3）稀缺价值。著名商标名牌之所以价值连城，另一个重要原因是，它的商品是"独一的""垄断的",市场上只此一家,别无分号。"物以稀为贵",由此使得它的品牌身价倍增。

（4）服务价值。市场营销学认为,产品包括三个层次,即核心产品(指消费者购买商品所追求的利益)、正规产品(指产品的质量、式样、外观、包装等)和服务产品(指产品的运送、安装、调试、维修等保障服务)。比较两家企业的同类产品,其核心产品自然完全一致,其正规产品也可能相差不大,但其服务产品却可能大相径庭。拥有著名品牌的厂商,往往对产品的售前、售中、售后服务工作做得滴水不漏,具有与众不同的服务特色,让消费者倍感周到放心,这样的服务劳动创造的价值自然较大。因此,服务价值又是构成品牌价值的一个组成部分。

（5）文化价值。不同的企业,有不同的企业精神和企业文化。我们购买不同厂家的产品,或者在不同的商厦里采购商品,会感受到不同企业的文化氛围差异。良好的企业文化不是凭空形成的,它是企业员工辛勤劳动的结晶。因而它也具有价值,自然也是商标品牌价值的组成部分。

（6）时间价值。我们看到,越是历史悠久的名厂名店,其品牌、字号的名气就越大,价值含量就越高。如北京的同仁堂药店、上海的第一百货公司等就是如此。这种现象应该如何解释呢?其实,深究起来,时间价值不过是劳动价值的翻版。名厂名店持续经营的时间越长,企业过去的劳动累积就越多,因而,凝结到企业品牌、字号上的转移旧价值和创新价值总和就越大,其企业品牌、字号的"含金量"就较高。

（7）渠道价值。厂商为营销商品,必须建立相应的流通渠道。这就需要投资甚至是大量的投资,这些投资统统要进入企业成本。因而渠道投资构成渠道价值,进而也就成了企业品牌价值的重要组成部分。企业的销货渠道投资越多,活动规模越大,所带来的营销规模自然就越庞大,经济效益总量也会巨大。所以说,企业渠道价值高,其品牌价值就高;反之,就低。

（8）欣赏、炫耀价值。随着经济社会的发展,消费者购买商品的目的也日益多元化。人们购买商品,不仅仅是为了使用它,满足自己的物欲,还包含有相当成分的精神追求内容,即购物是为了满足自己欣赏、炫耀的心理。那些著名品牌商品,其价格之所以定得较高甚至很高,一个重要原因就是这些商品可以很好地、充分地满足消费者欣赏、炫耀的心理。因而，欣赏、炫耀价值，也就成了决定品牌价值大小的一个不容忽视的组成部分。

任何厂商的品牌，都具有一定的价值，只不过是价值含量大小不同罢了。同时，每个厂商所拥有的品牌价值，也不是一个永远恒定的量，而是一个不断变动的数值。造成厂商品牌价值不断变动的原因在于：在构成品牌价值的八个因素中，除了设计品牌的劳动是一次性投入，其价值是固定不变的外，其他七个因素，都是经常变动的。因而，作为要素总和的品牌价值，自然也是经常变动的。

上述观点都有一定的道理，但是缺乏严谨性，而且，作者往往将品牌的使用价值与价值混为一谈。本节将主要讨论品牌的价值，使用价值将在下面章节着重介绍。从品牌价值的构成及其来源看，一个品牌的价值主要由成本价值、关系价值、权力价值三部分构成。

1. 品牌成本价值

品牌成本价值是指对品牌的各种货币形态和非货币形态的投入所形成的价值。从企业方面看，一个品牌从命名、设计、申请注册商标，到知名度较高的权力品牌，需要大量投入。2012年伦敦奥运会的会徽，据称耗资40万英镑才设计而成。而据伦敦奥委会称，他们这一积极的举动是希望会徽能为伦敦奥运会带来20亿英镑的市场营销额。同时，企业为了提高品牌产品的质量，也需投入大量有效的财力、人力和智力。为了战胜竞争对手，争取顾客，企业在开辟市场、扩大市场份额、开展广告宣传与促销、进行营销渠道建设与管理、进行品牌形象设计、包装设计、开展售后服务等方面，也需投入大量资金和劳动。企业所有这些投在市场营销活动中的有效劳动，都是品牌成本价值的来源。当然，还有消费者对品牌的投入，这是品牌成本价值的另一个来源。关于这一点，后面再做分析。

2. 品牌的关系价值

品牌的关系价值是指建立、保持并发展某一品牌与顾客长期关系的投入和由此给顾客与企业所带来的利益所体现出的价值。顾客关系之所以重要和具有价值，根本原因在于品牌竞争时代，建立与发展顾客关系需要很大的投入，这种投入一部分进入品牌的成本价值，另一部分则形成品牌的关系价值。例如，为保持老顾客所进行的跟踪调查、走访费用等。更重要的是，这种顾客关系一旦建立起来，又能给企业和顾客带来一定的好处。具体说来，建立、保持并发展某一品牌与顾客的长期关系，可以使企业获得以下利益：

（1）能保持市场的长期稳定，减少未来市场的经营风险；

（2）抵御竞争者的攻击，减轻竞争压力；

（3）降低营销费用。

随着生产的发展和产品的日益丰富，市场资源越来越稀缺，市场开发费用越来越高。保持与顾客的长期关系有利于留住老顾客，而且保持老顾客比吸引新顾客的营销费用低得多。据有关资料介绍，发展一位新顾客需要 5 倍于保持一位老顾客的成本。从这个意义上讲，顾客对品牌的长期信赖关系，本身就是一种特殊的品牌价值或资产。

从顾客的角度来说，可以从这种长期关系中得到以下好处。

（1）减少购买风险。长期购买某一熟悉的品牌，顾客所感知的风险要小。

（2）节省交易成本和时间，如节省搜集商品信息的成本、减少讨价还价的时间、节约品牌转换成本等，从而节省购买的货币成本和非货币成本，获得更多的顾客让渡价值。

3.品牌的权力价值

品牌的权力价值即通过品牌权力的行使和利用而获得的利益所体现的价值。在现实经济生活中，品牌权力价值的典型表现是商标专用权的有偿转让，其转让费是品牌权力价值的具体体现。但现在流行的品牌价值理论，把品牌权力价值等同于商标权力价值，是片面的。品牌权力是法律权力与市场权力的有机统一，因此品牌权力价值在理论上也可分为品牌的法律权力价值与品牌的市场权力价值两部分。并且，在品牌权力价值构成中，法律权力价值所占的比重较小，甚至微不足道。这从一些企业主动变换商标，甚至自动放弃商标所有权的事实中足以得到证明。

构成品牌权力价值最主要的部分是品牌的市场权力价值。这不仅是因为企业为取得并扩大品牌的市场权力需要大量的投入和付出长期的努力，更重要的是，品牌对企业的"贡献"主要来自其市场权力。一个品牌成为名牌，其法律权力并没有什么变化，但其知名度、美誉度、消费者的信任度则大大提高，市场竞争能力与市场开拓能力大大增强，企业正是凭借名牌的市场权力获得巨大的超额利润。在品牌收购、商标转让中，对方看中的也正是品牌的这种市场权力。如果一个品牌或商标不具有市场权力或者市场权力很小，这种品牌或商标是不会有人感兴趣的。但在实际经济生活中，品牌营运的规范形式是商标，因而品牌的市场权力价值与法律权力价值便被归结为商标权力价值，进而又被归结为商标价值或名牌价值，这是造成品牌的市场权力价值及其研究被忽视的一个重要原因。

品牌权力价值除来自品牌所有者从品牌权力的行使和利用中得到的利益外，还来自消费者从中得到的好处。

（1）提高了购买的可靠性

权力品牌大多得到社会公众的普遍认同或政府有关权威部门的认可，消费者认为购买权力品牌比一般品牌更加可靠。为了提高购买的可靠性，减少购买风险，消费者宁愿支付较高价格。

（2）能满足更高层次的需要

权力品牌大多是名牌，消费者在购买这些名牌产品时，不仅仅是为了获得其物理功能或使用功能，同时也在购买产品的声誉与权威，满足自己的心理需要。为了购买声誉与权威，消费者也支付了相应的代价。这些都是品牌权力价值的重要来源。

需要指出的是，在品牌价值的三个构成部分中，品牌权力并不只是与权力价值直接有关，品牌的成本价值与关系价值同样与品牌权力关系密切。品牌的成本价值是在取得与发展品牌权力过程中的各种投入，也就是取得与发展品牌权力的"成本"。没有对品牌的各种投入，也就没有品牌权力。品牌的关系价值的基础是顾客关系，而建立、维持并发展与顾客的长期关系却主要依赖于品牌权力，即顾客信任与品牌忠诚。从这个意义上讲，品牌的权力价值与关系价值的本质是相同的。区别只是在于品牌的关系价值是企业对品牌权力长期利用给自己所带来的好处所体现的价值，而品牌的权力价值更多地表现为企业对品牌权力一次性转让时所体现的价值。至于企业采取何种方式来行使和利用品牌权利，则是企业制定品牌战略和策略时所需要认真研究和解决的问题。总之，从本质上看，品牌价值构成的任何一个部分都有两个来源，即企业来源与消费者或顾客来源。品牌成本价值一方面由企业对品牌的各种投入所形成，另一方面消费者也承担了购买成本；品牌的关系价值一方面来自企业发展品牌与顾客的长期关系所得到的利益，另一方面也来自顾客从这种长期关系中得到的好处；品牌的权力价值一方面来自企业的品牌权力收益，另一方面也来自权力品牌带给顾客的利益。

国外关于品牌价值的研究，最经典的表述当数大卫·埃科的品牌价值五星模型，下一节将专门论述。

第二节　品牌的经济价值

一、品牌对顾客的经济价值体现

（一）对资讯加以处理

品牌是一种识别系统，它是特定产品和服务的识别标志，品牌的最终目标就是建立起此品牌与彼品牌的差异性。这种差异性便于消费者区别不同的品牌，根据品牌挑选自己满意的产品。

正如广告大师大卫·奥格威说过的那样，事实上，这个世界充满着品牌，品牌已是我们生活结构的一部分。在我们的日常经济生活中，品牌扮演了重要的角色。我们每天的衣食住行都在发生着物质消耗，因此需要不断地购买来满足自身的需求。而消费行为建立在市场识别的基础之上。设想一下如果没有品牌，我们将如何购物？恐怕即使是购买一瓶饮料这样简单的事情也会变得相当麻烦。市场为我们提供了各种各样的选择，各种饮料五颜六色，成分、产地、功能各异，丰富的产品使消费者在选择的时候更为谨慎。然而有了品牌，一切就变得轻松简单。

国际著名的庄臣公司董事长 J.莱汉曾经说过："如果你心中拥有了一个了解与信任的品牌，那它将有助于你购物时更轻松快捷地做出选择。"在许多场合，消费者原先是直接区分产品的成分、性能、功效等，现在则是间接地区分品牌，即从"产品具体差别识别"走向"品牌差别识别"。

品牌是企业与消费者沟通的标签。在产品高度同质化的今天，品牌成为同类产品相区分的主要标志。在人们的购买过程中，品牌充当着无声导购员，对产品信息起着有效的提示作用。正是通过对各种商品信息的浓缩，品牌揭示了该产品与其他产品的不同之处，消费者则依据自己的偏好、需求，在众多产品中选择自己喜爱和信赖的品牌。

品牌的一个重要作用就是简化人们的购买行为。人们在杂货店的货架上扫描一遍，眼中即可接受数以万计的复杂信息。在消费者面对众多产品不知所措时，品牌能够帮助顾客处理产品信息，减少顾客在选择产品时所花费的精力。再没有比品牌更能压缩信息的东西了。在现代商品的汪洋大海中，消费者需要品牌就像司机需要交通标志一样。

（二）增强顾客购买决策时的信心

随着社会的发展，市场提供给消费者的选择多种多样。新产品、新品牌的大量涌现，令消费者无所适从。比如，购买一双运动鞋，有上千个品牌和样式可供选择，到底哪一个品牌值得信赖？加之商品科技含量越来越高，产品结构越趋复杂，消费者很难通过感官了解产品的所有信息。一方面，消费者比以往对商品更加挑剔，对其质量、款式、功能等的要求越来越高；另一方面，消费者不可能也无必要去透彻了解产品的所有特性、用法，品牌为人们提供了购买的理由。消费者通常通过品牌来了解产品及企业的信息，依据品牌选购商品已经成为一种普遍现象。

品牌不仅仅是产品的代名词，它还涵盖了企业声誉、产品质量、企业形象等多方面的内容。

当然，品牌建立在产品质量的基础之上。没有好的产品质量，品牌也就无法长久不衰。相比一般的无品牌产品，品牌为消费者提供了产品质量方面的保证，具有广泛的知名度和普遍认同的品牌，同时也是产品高质量的象征。即使消费者以前没有用过某品牌的产品，对其产品信息不甚了解，但名牌产品所传递出的品质感使消费者相信它有优于别的一般产品的质量。

品牌还意味着一种信誉，它是企业自身形象的象征。品牌意味着产品和服务的承诺。品牌尤其是知名品牌能够对产品的品质、性能、服务等提供可靠性保证。品牌为消费者提供信心，消除他们对产品认知的不确定性。

　　总之，品牌就是承诺，它能传递优良的品质感，获得消费者的信任。对消费者而言，认牌选购也是一种省力的选择，它不仅使消费者省去大量的时间、精力去掌握不同商品的有关信息，极大地减轻了消费者的精神负担，而且能够降低购物风险，使抉择更容易也使消费者更满意。

（三）提高顾客的满意度

　　随着生活水平的提高，越来越多的消费者正从理性消费走向感性消费。理性消费指消费以物质性的满足为主要目的，商品的质量、功能、价格等因素成为着重考察的对象，在购买过程中以实用与否为主要参考标准。感性消费则指人们在消费过程中除满足物质性需求外，更加注重商品所具有的象征意义和表现能力。在感性消费时代，一方面，商品的选择性增多了；另一方面，消费者开始注重生活质量，敢于追求高品质和形象的产品，并通过有选择的购买自己满意的商品，强化塑造自己的个性形象。比如，以前运动员购买球鞋，直接考虑的是球鞋的外观、舒适度和耐磨度。而现在球鞋的发展已远远超越了这个范畴，球员选鞋可根据球鞋的重量、科技含量和时尚的个性外观等做出购买决定。

　　与此种消费心理相适应，品牌消费取代了产品消费。品牌消费指消费者在购买决策中，以选择品牌和品牌满足为第一准则。

　　对消费者而言，品牌不只是一个名称、一种标志或者图像那么简单。它除了代表一定的产品质量，还具有一定的象征意义。一个强势品牌是生动的、内容丰富的，并且具有强大的吸引力。消费者购买商品是为了使用，而买品牌，除了使用价值外，还有其身价、品位、档次和自我满足，即附加价值。产品和品牌的区别也在于此。品牌消费除满足一定的实际需求外，还具有一定的象征价值和情感愉悦价值，能够给消费者提供更多的心理满足，具体表现在以下几个方面。

　　1. 品牌是有性格的

　　消费者所消费的产品或服务的品牌个性能够传递出消费者的品位与个性、生活方式等。你消费什么显示出你的性格，具体到你穿什么样的衣服、看什么样的书、抽什么牌子的烟、喝什么牌子的饮料等，皆在不经意之间透露出消费者的品位与个性。如抽烟的人对香烟的品牌非常在意，也正是品牌个性区分了万宝路与其他牌子的香烟。

著名的营销专家史蒂芬·金认为，现代消费者是自信、成熟且富足的。他们更加重视通过商品或服务的消费，表现出其社会地位、经济状况、生活情趣和个人修养等，以获得个性的张扬、精神的愉悦及心理上的满足，商品的功能和效用则退居其次。

特定的品牌还代表着一定的生活方式和价值取向。菲利普·科特勒在他的《市场营销管理——分析、计划、控制》一书中指出，品牌常常暗示着特定的消费者，如"奔驰"轿车、"劳力士"手表定位于成功人士。消费者的品牌选择常常彰显着他的社会地位、人生品位等。因此，人们通过购买和使用高品质、高价格的品牌产品可以满足其提高身份、显示地位或展现个性的心理需求。

2. 品牌产生一定的相关性

品牌常常与一定的正面态度及情感相联系，将冷冰冰的商品物质属性赋予人类生活中的某种情感，使消费者通过对品牌产品或服务的消费感受到这些情感。

品牌能够正面影响消费者对产品物理特性的认知。一个典型的例子就是：使用品牌产品的感受不同于使用同样产品但却缺乏品牌保证时的感受。一杯热腾腾的咖啡，你可能会有"很香、很浓"或"很苦、很淡"来形容喝过的感受。但当有人告诉你那是麦斯威尔时，你对那个品牌的感受瞬间就会浮上心头，那句经典的"好东西要与好朋友分享"的广告语也许令你想到一位好久不见的老朋友，心中顿时充满温馨。麦斯威尔咖啡，该品牌最初的广告语为"好的咖啡豆，才有香醇的咖啡"，侧重于强调麦斯威尔因具有更好的成分与口味而与众不同。但是对大部分消费者来说，这并不是最重要的。消费者认为它与其他咖啡品牌并没有什么两样。结果该品牌企业费尽心机增加成本以信守产品的质量承诺，在其原产地美国却遭遇到消费者忠诚度不断减弱的威胁，市场占有率也下降了。这说明企业单纯依靠强调产品或服务的功能特点已经越来越难以唤起消费者的购买热情，相对于品牌产品的实际使用，消费者从中体验到的情感满足更加珍贵。

总之，品牌有一种特殊的意义，不同品牌的产品会带给人们不同的感受。穿戴名牌服饰，我们可以体会到一种放松的心情和信心十足的感觉。购买化妆品，消费者所寻求的不只是化妆品的功能和实用价值，还有消费者自我期望的青春、美丽和自信。消费者喜欢可口可乐，多因为该品牌与正面情绪、快乐时光紧密相连以及它所代表的热情、活泼、亲切、乐天的性格。品牌的这种个性，使得它像个朋友，有其存在的意义，在我们的生活中不可或缺。

许多时候，即使花更高的价钱，消费者也愿意购买由他们喜爱的品牌所标志的各种产品或服务，从而获得物质上、精神上的双重满足。

二、品牌对企业的经济价值体现

抛开品牌资产本身的价值，品牌对于其所有者的经济价值，最终体现在它所创造的竞争力及由此带给企业的经济效益上。具体来说，品牌资产靠以下方式替公司创造经济价值。

（一）创造品牌忠诚度

联合利华（Unilever）董事长 Michael Perry 先生在伦敦的广告协会演讲时说："品牌代表消费者在其生活中对产品与服务的感受而滋生的信任、相关性与意义的总和。"当消费者对某品牌印象良好时，就会多次重复购买，进而形成品牌忠诚度。

对品牌所有者来讲，引导顾客认牌消费进而产生品牌忠诚具有极其重要的意义，具体表现为以下几方面。

1.降低营销费用

对消费者来说，每一种购买抉择都具有一定的风险。当消费者对某一产品产生品牌忠诚之后，就会信赖该品牌标志下的所有产品。因为转换品牌通常要冒一定的风险，即适应上的风险和使用上的风险。消费者对于他所信赖的品牌产品也存有更多的宽容，使用之后容易达到满足。只要某品牌的产品质量或服务质量不出问题，消费者一般都会支持该品牌。

品牌忠诚度高意味着消费者离开某品牌的概率比较低。在营销界有一个众所周知的"帕雷托法则"（Pareto Principle），即一般认为，某种品牌或某类商品的购买情况是 20% 的购买者创造 80% 的销售收入，在其他因素不变的情况下，也创造 80% 的利润。对大多数品牌而言，建立和维护现有购买者的忠诚比赢得一个新的消费者要重要得多也容易得多。

2. 能够进一步吸引潜在顾客

强势品牌的建立和品牌价值的确立都源于顾客的认同。顾客一旦认识、肯定该品牌的产品，便会吸引一批消费者，形成固定的消费团体，从而形成顾客的品牌忠诚效应。在市场信息传播过程中，品牌忠诚消费者的口碑推荐以及在销售场所的购买示范作用有着不可忽视的力量。有资料表明，一个品牌忠诚顾客在现身说法或潜移默化之中能够影响他周围 15 个左右的人，增加周围人们对某品牌的熟悉程度和好感度。而在销售场所，忠诚顾客的购买行为常常在无意间给那些犹豫不决、信心不足的潜在消费者以信息暗示。在忠诚顾客影响下，品牌可以积极地沟通各种层次的潜在消费者，为他们提供各种各样充足的理由来购买该产品。不断加入的潜在顾客将扩大该品牌产品的市场规模，提高该品牌产品的销售量和利润。

3. 从容适应竞争环境

在欧美，品牌被定义为"品牌是消费者与产品之间的关系"。当消费行为是消费者出于对品牌的信任所产生，那么消费者与产品之间的关系就会变得稳定和牢靠。即使面对更好的产品特点、更方便的购买条件或者更低的价格，忠诚消费者转向另外一个品牌的概率也会降低许多。在生意场上，一个好的顾客同时也是竞争对手的潜在好顾客。因此，经营和管理好消费者与产品之间的这层关系，可以减少消费者购买竞争品牌的机会。

忠诚消费者的存在使品牌所有者在面对挑战的时候，具有较大的弹性。相对于一般消费者，忠诚消费者改换品牌的速度要慢很多。这就使品牌所有者在遭遇强敌挑战时，其市场不会在短时间内遭受重创，从而为企业反击赢得时间。在市场上占据优势地位的品牌企业还能有效地阻止潜在竞争者的进入。因为向地位稳固的品牌发动进攻，潜在的竞争者需要巨额投入，成功的机会很少。

消费者的品牌忠诚还有帮助拥有者度过危机和经济困难的时候。通过对 2008 年全球经济危机时期消费状况的研究发现，在收入减少的情况下，消费者会改变消费的方式，小心翼翼地花钱。但在品牌的选择上，一般的，他们总是从了解与信任的品牌中去寻找、挑选。

品牌忠诚度不仅影响消费者愿意买多少，还影响消费者愿意花多少钱购买。一定市场的份额有限，增加本企业的销售就意味着减少竞争对手的市场份额。因此，生产厂家总是力图通过自己的经营行为、广告宣传、公关活动等在消费者心中建立起良好的品牌形象，缩短其品牌与消费者之间的距离，赢得消费者的信赖和喜爱，提升品牌竞争力。

（二）提高售价及边际效益

首先，品牌支持高价位。一般的，品牌产品比同档次普通商品价格高出 20%~80%，有时甚至超出几十倍。消费者一般认为高价位的商品具有较好的品质。反过来，较好品质的商品如果卖较高的价位，消费者也是会接受的。品牌产品之所以能够支持较高的价位，除去客观存在的某些情感因素外，最主要的是品牌产品常常传达出一种品质优良的感觉，让消费者对其产品质量和稳定性放心。现在企业界流传这样一句话："一流企业做品牌，二流企业做市场，三流企业做质量。"这并不是否定质量的重要性。产品是品牌的基础，没有优质的产品，品牌也无法长久，但更为重要的是在保证质量的基础上做品牌。品牌产品所体现出来的优良品质，使它具有一般产品难以企及的竞争优势。

其次，品牌也是创造产品附加价值的最主要源泉。由于各企业科技水平日渐趋同，产品功能性方面的差异逐渐缩小，目前，大多数知名的国际企业的产品在质量、新颖性和创新性方面已不相上下。消费者对产品功能性的认知越来越模糊，甚至根本不能指出产品主要功能之间的差异性。如就口味、外形和经验来说，可口可乐与其他可乐饮料可能并无差异。大卫·奥格威认为："产品越相似，在进行选择的时候，区分的理由就越少。"因此，仅仅靠产品本身的特征和功能，并无法获得消费者的全面认同。在对欧美卓有成效的名牌商品进行考察后，西方管理学者发现，当产品竞争在质量、价格、售后服务等因素上费尽心机，而再难有很大突破时，文化这种非物质因素一旦被引入竞争并融入品牌的核心价值，那么品牌产品的附加值就会大大增加。

品牌核心价值的建立除给予产品附加的含义、价值和个性，也给消费者带来许多附加价值。许多知名品牌，如舒肤佳香皂，产品价值外的附加价值是"有效去除细菌，保护家人健康"，潘婷于消费者的意义是一头"健康亮泽"的头发，宝马提供"驾驶的乐趣"，金利来意味着"充满魅力的男人世界"，星巴克等于一杯很好的咖啡和一个供人聊天的好去处，耐克则给人运动的信心与勇气等。正是这些附加价值的存在，使得各品牌与众不同，并为其品牌所有者带来高额利润。

（三）品牌扩展——多样化

品牌是其所有者拓展业务的坚实基础和强有力的战略性武器。正确有效地运用品牌的力量，可导致市场份额和赢利能力的增长。

对成功品牌的扩展比创建一个新的品牌要容易得多。开发、创新品牌需要巨额成本来启动和投放市场，而且，成功的概率也比较小。一般情况下，80%以上的新产品面世后会失败。而在现有品牌的基础上进行品牌扩展，只要新延伸的产品能与原品牌成功地联系起来，就可以大大增加成功的机会。因为，消费者会将对原有品牌的好感、品质保证等优良印象相应地延伸到新的产品上来。品牌扩展的另外一个好处是，在一定预算下，集中宣传一个品牌比分散推广多个品牌更能提升品牌资产及知名度，且各产品在市场上互相声援，在行销成本及效果上皆有事半功倍的效果。

一个品牌成功扩展的例子是"皇马"标志。西班牙皇马俱乐部作为20世纪无可争议的世界最著名、最成功的足球俱乐部之一，已经从单一的足球俱乐部成为最具影响的商业标志之一。通过"皇马"标志的巨大影响力，俱乐部逐步开发了从服装、球鞋、运动装备到汽车、酒店等一系列的商业活动产品，而每一项新产品的开发都因"皇马"品牌的影响力，推广开发都比较顺利，进入市场后能迅速被消费者所接受，几乎不必做广告就顺利打入并畅销市场。无疑，这些产品的成功主要归功于"皇马"品牌标志的吸引力和声望。

具体的，品牌扩展有以下方式。

1. 直线延伸

直线延伸，即从品牌延伸出同一条生产线的新产品来。许多国际知名公司充分利用其自身的品牌优势大打品牌扩展之战，直线延伸正日益成为放大或扩展品牌力的一种流行方式。例如，"玛氏"品牌多年来一直作为巧克力糖果而世界闻名，现在它也涵盖了大块巧克力、牛奶饮料和冰淇淋等产品。一提到"雀巢"，人们首先会想到咖啡，然而它也是柠檬茶、婴儿奶粉和高档冰淇淋的品牌。"海尔"则让人联想到白色家电，从冰箱、洗衣机、空调到饮水机、整体厨房等。著名的联合利华企业则仅夏士莲一个品牌就有沐浴露、洗发水、雪花膏、香皂等多种产品。另一个超出我们想象的品牌直线延伸是从可口可乐延伸出的"减肥可乐"。自面世以来，"减肥可乐"取得了非凡的成功，满足了上百万肥胖消费者的双重愿望，使他们既能够享受可口可乐带来的激情与快乐，又能减少热量的摄入。如今该品牌已成为世界销量第三的软饮料。

品牌延伸能够丰富其产品线，给消费者更多的选择，扩大自己的实力与规模，同时又能够有效阻止竞争者的进攻，占领更大的市场份额。

2. 品牌创新

中国"红双喜"品牌的开发为产品创新提供了参考的案例。比如，中国的"红双喜"从赞助悉尼奥运会乒乓球比赛器材到开发举重器材，仅仅用了短短 5 年的时间。期间，他们始终与各参赛国运动员保持"亲密接触"，详细了解运动员的潜在需求，通过从杠铃片弹性适中度、小铃片的易安装、卡箍锁紧装置的安全度和易装度等方面进行的创新，以其出众的精准度、安全性、转动灵活性、美观性，得到了国际举联的好评，为他们最终走向雅典奥运会赛场迈出了坚实的一步。

许多成功的品牌都保持着一种持续演进的状态，并做出许多必要的改变以符合市场的需要。消费者有时候很愿意接受品牌产品的改变，因为创新常能为其注入一些新鲜的东西。品牌可以通过延伸、再定位和不断更新而具有无限的生命力。

（四）创造交易优势

品牌对其拥有者具有重要的战略意义，因为品牌所有者可以通过品牌使产品与消费者直接沟通，而不必考虑中间商的行动，从而提高了生产商在和零售商讨价还价时的谈判地位。这种沟通对许多世界领先的食品杂货制造企业来讲甚至是生死攸关的。

以前零售系统只是品牌产品的销售渠道，零售商为了以高质量的产品获取消费者的信任，主要购进并销售制造商品牌标志的产品。但在过去的10多年中，销售方式发生了许多变化，大型自选零售超市、商场的迅速扩张，迫使零售商集中精力发展自有品牌，分销大权逐渐从制造商那里转移到了零售商的手中。零售商有权决定购买多少制造商的品牌产品和卖多少自己最能赢利的自有品牌产品。因此，如果没有品牌，那么今天的制造商只得听任过去10年来迅速成长的零售商的摆布。

品牌产品为消费者提供了高质量和可靠的保证，并对其购买抉择过程大有帮助。那些以吸引顾客为最高目标的零售商，为了在激烈的竞争环境中赢得顾客的忠诚和信任，必须备有充足的品牌产品来满足顾客的需求。同时，充足的供货又将促进购买。因此，具有良好品质形象的品牌，能够促进中间商乐于经销该品牌标志下的产品，使产品分销渠道畅通。而像宝洁、联合利华这样著名的制造商，正是通过持续密集的广告攻势、有力的公关推广等活动与消费者保持密切的联系，塑造自己良好的品牌形象，才得以确保其产品出现在商店的货架上。因此，强势品牌有利于其所有者与重要的零售商建立起牢固的关系并在合作中处于有利的地位。

（五）创造竞争优势

与各种促销手段相比，品牌的竞争力更为持久而稳定。品牌为其所有者创造了以下竞争优势。

1.相比产品而言，品牌生命没有必然的衰退过程

我们知道任何产品都将经历以下几个阶段：进入市场、被消费者接受、快速增长、进入成熟、步入衰退、退出市场。但是，品牌可以没有生命周期。只要它能跟上时代的发展，随着市场需求的变化不断加以调整，就可以长盛不衰。我们现在所熟知的许多品牌都已具有相当长的历史。如世界饮料市场中速溶咖啡的开拓者雀巢咖啡自1938年创建以来就一直保持着市场领先地位。作为男士卫生用品的领导者，吉列公司自19世纪取得成功之后，它的名字一直是"质量卓越"的代名词。世界第一品牌可口可乐于1886年在美国佐治亚州的亚特兰大面世，距今已有100多年，但它丝毫没有显出衰退的迹象。多年以来这些品牌一直是人们日常生活的一部分，虽然其产品已历经改良或替换，但在各自的商品市场，这些品牌依然散发出无可比拟的魅力。

品牌产品还具备跨越文化和地理疆界的特征。只要看看可口可乐在世界各地畅行无阻的情形，我们就可以意识到品牌力量的强大。无论你身在何处，都可看到那熟悉的、充满活力、令人精神振奋的红底白字商标。而且，在步入生命中的第二个百年之后，这一品牌仍然在积极地进入许多国家的市场，并在新的市场焕发出勃勃生机。

2.拥有品牌的企业常能成为市场领导者

这种领导地位一旦建立起来，巨大的市场份额、优势的竞争地位、与强大的品牌亲和力以及高额的市场利润就会随之而来。品牌产品的顾客忠诚度高，容易得到顾客的信赖和支持，且社会形象好，容易在社会公众中推广，并受到公众的保护，在合作中易得到上下游企业的支持并处于有利地位。在同等条件下，品牌产品比一般产品卖得多、快、好，强势品牌所产生的稳定销量可取得规模经济效益，并实施更有效的成本控制。价格高、销量大而且稳定、成本低，这几者结合起来就意味着更大的利润空间。

3.品牌增加了企业经营的稳定性，成为企业抵抗竞争的有力工具

在品牌竞争越来越成为市场竞争焦点的今天，品牌是企业生存发展的"王牌"，拥有品牌的企业更具有吸引投资、聚集人才、改进科技、扩大规模、开拓市场的能力。

有人把资金比作生产经营活动的血液，借助所拥有的强势品牌，企业可以吸引他们需要的资金来扩大生产规模，进行技术改造和市场开拓等，这对企业获取市场的优势竞争地位具有重要的意义。

人才是企业发展的根本，优秀的人才总是争相加盟强势的品牌企业。因为这些大公司具备丰富的资源和广阔的发展空间，能够为个人成长提供坚固的基石，为人才实现自我价值提供广阔的舞台。而且在最优秀的公司里面做事，个人有一种安全和被肯定的感觉，这又激励了人才。品牌的价值是企业在长期的经营活动中，即在长期的生产劳动和服务劳动中形成的。它是企业全体员工投入大量体力和智力劳动长期努力的结果，是优质产品、优质服务、优质工作的凝结。

4.品牌所有权优势，是保持竞争优势的又一个重要来源

国际著名的大都会公司将品牌视为其全部的经营内容。该公司董事长艾伦·夏伯德认为，品牌是现在和未来利润的来源与保证。正是品牌为其

股东提供了今年、明年甚至未来一百年的红利。只要他们愿意,他们就可将所有制造、销售和服务业务以契约形式转包出去,只保留对品牌的拥有权,他们还能成功并继续赢利。

品牌是一种资源,对之进行正确处理和明智管理,它就能够为其拥有者提供可观的回报。

贴牌生产就是充分利用品牌资源,获取赢利的一种重要形式。所谓贴牌加工,就是品牌所有者委托其他制造商生产产品,然后贴上自己的商标销售的一种经营方式。国际著名的耐克公司在世界各地采取的就是这种贴牌加工的方式。耐克公司自己不生产鞋子,它只是集中精力充分利用各种营销传播渠道,如赞助体育运动、持之以恒的广告宣传等培育自己的品牌形象,然后在其他厂家生产的鞋子贴上"耐克"的商标。在这种合作方式中,委托加工者的利润高达80%甚至更高,而加工者的利润仅20%甚至更低。

品牌授权是充分利用品牌资源的另一种形式。品牌授权又称品牌许可,是指授权者将自己拥有或代理的商标或品牌等以合同的形式授予被授权者使用;被授权者按合同规定从事生产、销售等经营活动,并向授权者交付相应的费用;同时授权者给予人员培训、组织设计、经营管理等方面的指导与协助。品牌授权能够创造出极大的利润。以迪士尼为例,全世界几百家制造商为了在他们生产的衣服鞋帽、书籍、玩具、唱片家具等物品上使用迪士尼公司所有人物(动物)的名字、造型而向它购买许可权。这种经营方式被西方发达国家称为"21世纪最有前途的商业经营模式之一"。目前美国零售市场上各种品牌授权的产品已占1/3,并且是增长最为迅速的一股销售力。麦当劳、可口可乐、花花公子是三家经常授权许可其他厂商使用其名称和商标的公司。在新加坡,大力发展品牌授权已被列为政府的主要商业政策之一。对品牌输出方来讲,品牌授权的竞争优势就是避免了涉足一个全新市场或行业所冒的风险而依然获取高额利润。

类似连锁店式的特许经营制度也是品牌授权的一种形式,这在品牌企业进行跨国经营时大量运用。其方式就是利用广为人知的品牌名称,加上当地熟悉本国法令与公众环境的本地企业。美国的麦当劳是特许经营的一个著名例子。麦当劳的特许经营方式不仅在美国,而且在各地都取得了成功。如今许多企业模仿其做法,但麦当劳仍被视为领导者。特许经营的一大好处就是使品牌公司在大量保留自己的资金的情况下，却可以广泛地占领市场，壮大企业的规模，增强企业抵御市场风险的能力。

一个企业的品牌就像企业的投资一样，它具有保值增值的功能。一个成功的品牌可以为其所有者带来极强的竞争力，创造高利润并带来更多成功的机会。让我们再次重温著名广告专家利维·莱特多年以前的预言——"未来的行销是品牌的战争，品牌才是公司最珍贵的资产。在以品牌互竞长短的竞争中，拥有市场比拥有工厂重要得多。而拥有市场的唯一途径就是先拥有具有市场优势的品牌"。如今，他的预言已经成为现实，国际贸易障碍渐渐消失，品牌已经成为现代企业参与市场竞争并获得优势地位的重要法宝。我国许多厂商具有生产一流产品的能力，却疏于品牌经营行销，重新认识品牌的经济价值并付之于行动已经刻不容缓。

第三节　品牌的非经济价值

一、品牌的文化价值

从跨文化品牌营销和品牌推广的角度讲，文化是一种沟通和融合的工具体系，它把母公司所在国的文化传播到子公司经营所在地，促进当地文化的多元化；同时，为了更好地进行跨国经营，又把子公司所在地的文化吸纳进来，融入品牌经营中来，在公司内部融汇成全球文化，它起着一种强性黏合剂的作用，保证了跨国公司内部凝聚在一起，使之更加强大，确保跨国公司不因其子公司处在全球各地而四分五裂。

在体育王国里，最大的品牌当数四年一度的世界杯。在世界杯的赛场上，你会看到巴西人对足球的狂热和喜爱，他们把足球当成一种民族的灵魂和艺术；你会看到韩国球迷、韩国人对本国球队的自始至终的支持，世界杯这个体育王国的最大品牌把世界各族、各地的文化全请进来，又传播出去，让"地球村"里的地球人了解，在潜移默化中促进多元文化的形成。

快餐业的世界品牌麦当劳，每在一地经营，就会把美国的文化、麦当劳的经营理念传播、推广出去，它的"我们卖的不是快餐而是快乐"的品牌内涵深入每个在麦当劳消费的消费者心中；同时，又充分注意和尊重当地的文化和风俗习惯。它在提供标准化菜单的同时，根据当地的文化环境有所改变。麦当劳品牌好比一个多元文化的银行，它挖掘和传播了各地文化，又融汇了各地文化，最终形成一种多元的文化氛围。

美国"梦工场"产品的影响力已涉及世界各地，把反映美国人精神的西部牛仔形象浸润进每一个观众的内心深处：从"拯救大兵瑞恩"中，你可感受到美国国民为追求国家独立自由而不惜牺牲生命的精神，还能感受到美国政府关爱"子民"的管理哲学；它把中国的功夫及武打情结通过李小龙传播给世界；它把美国人的幽默、追求自由和民主的民族个性向世界传播；法国消费者喜欢美国"梦工场"的电影并因而关掉本国的频道，欧洲人为看"侏罗纪公园"而排起了长队。

美国的学者保罗·A.郝比格说："单元文化对线性和逻辑的偏爱相对于多元文化是一维的和单调的，而单元文化发现多元文化是非逻辑的和产出较少的。"在多元文化氛围浓郁的中国和整个就是多元文化的美国，能够很容易地明了单元文化没有考虑人类的现实和实用性。

二、品牌的国家价值

国家与国家的竞争凭借的是以经济和科技为中心的综合国力的竞争。品牌是国家经济的主要创造者，是国家经济的载体，是国家经济实力的象征。在体育品牌领域，巴西的品牌是足球，美国的品牌则是篮球，这都是代表一个国家的象征因素。

哪个国家的强势品牌最多，哪个国家的经济实力就最强，这已经是不争的事实。一个通用汽车公司的经济实力就能抵得上世界经济实力后十名国家的经济实力的总和；对于日本经济在第二次世界大战以后创造的经济奇迹，主要的贡献者就是松下电器、三菱重工、索尼、富士、丰田汽车等国际强势品牌群的群雄奋起；诺基亚（Nokia）在国际通信市场上纵横驰骋，实行跨国经营，几乎是一家企业撑起了芬兰经济的半边天；德国的大众汽车在中国兢兢业业、默默奋斗，在中国的东北沈阳和中国的经济桥头堡珠海建立合资公司，几乎控制了中国轿车市场的半壁江山。

从科技发展和创新的角度讲，强势品牌是一个国家科技发展和创新的主要载体和执行者。比尔·盖茨不但创造了一个国际强势品牌，而且创造了一个时代：他所创立和领导的微软公司，为计算机科学的发展做出了不可磨灭的划时代贡献。可以说，没有比尔·盖茨及其领导的微软公司，今天的这个世界很可能不是这个样子，至少目前不会是这个样子，美国也未必能够在军事信息领域控制世界。美国的很多飞行器技术的研制和创新是由美国的也是世界第一大飞机制造公司——波音麦道公司贡献的，美国的很多陆战车辆是由通用汽车和福特汽车进行研制、生产，进行改造、创新。美国的科技强大根本离不开这些众多的国际强势品牌的贡献。再从民用消费品的角度讲，日本的索尼（SONY）研制的随身听风靡世界，JAVA 的出世引起了世界信息产业的风暴……这些大大小小的因子促成了这些强大国家的更加强大。

这些世界公认的"国际品牌"凭借高科技与科技创新，凭借优良而稳定的产品质量，凭借良好的售后服务以及高超的品牌经营与品牌推广艺术，在世界消费者心中根植了良好的值得信赖的品牌形象，培植了很高的品牌忠诚度和崇信度，形成了很高的重复购买力，使之成为消费者心中必买、欲买的品牌产品。

从中国的区域经济的角度讲，哪个地区的品牌多，哪个地区的经济发展态势就好，这一地区经济就发达。比如，一个小小的中国县级小市——江阴市，单单服装行业的著名品牌就有很多家，诸如海澜集团、江苏阳光等；中国第一村——华西村就在这里，还有海内外知名的周庄，这都是当地向外界宣传的最好品牌。

尽管我国品牌的国际化强势品牌群雄并起的道路还很长，但是，毕竟是这些品牌为国家的繁荣强盛做出了贡献。

三、品牌的教育价值

品牌最先向人们传递了社会潮流和时尚流变的信息。我们至今还能清楚地记得，20 世纪 80 年代至今，正是品牌广告以最为快捷的方式发布着一条条有关服装、家居、化妆品、饮料的最新流行资讯，从"燕舞"牌收录机到全新家庭影院系列，从"凤凰"自行车到私人豪华轿车，从14英寸熊猫黑白电视到如今的康佳彩霸，你方唱罢我登场，人们的品位和追求随着流行品牌广告的节奏不断地更新和延伸。作为同行商品中的执牛耳者，品牌广告永无休止地告诉人们什么才是最时尚、最有品位、最能张扬个性、最能凸显高贵，并挑起了大众潜在的永无止境的欲望，而这种欲望的唤醒恰恰为广告所要促销的品牌找到了市场支撑——这种意义的生产与循环制造出社会化的品牌意识。

我们总是被品牌的消费牵着鼻子走，就像肥皂生产商的任务是生产肥皂，广告商则致力于培养人们洗手的习惯一样，品牌经营正在教育和培养消费者的消费知识，从而提高消费的质量和生活水平。因为品牌的作用，我们才形成了很多习惯，很多健康理性的生活方式：喝果汁，饮纯净水，刷牙用含氟牙膏，用芳香的浴液洗澡，用除臭剂清洗口腔或用空气清新剂驱除屋里的异味，用电饭煲做饭。

品牌对人们的日常消费行为产生了无法抗拒的"教唆"和"引诱"作用以及使人们产生关于未来美好生活的想象，更可怕的是，大包大揽的承诺已到了无以复加的地步，它告诉人们拥有洗碗机、家庭汽车、现代化的浴室以及大屏幕彩电是多么的快乐，按照品牌传播中广告所布置的新生活是如何的美满。它甚至还让人们了解到，那些源源不断出现的新发明是多么适合你的生活，你原来可能还不知道它们，但你一旦知道了，就必须拥有，否则你就会很自卑，觉得自己多么老土、多么落伍、多么不懂得新生活。

索尼摄像机带给消费者的不仅仅是摄像机本身，还带来了摄像技术与艺术的普及；时代华纳送给人们的是信息，教给人们知识、技术，教会人们健康生活的技巧以及娱乐休闲的方式；哈佛大学不仅教诲学生，而且送给社会思想、意志和情感，向世界传播着其经营理念和经营哲学，把科技知识、经营管理理论直接转化为现实的生产力。

品牌的教育功能可谓是无时不在、无处不在，没有人能够"幸免"。从经济发展的视角而言，发达国家的实践已经证明并将继续证明，品牌将是社会发展的主要力量和主要贡献者。

四、品牌意识与认牌消费

英特尔品牌公司的保罗·斯图伯特曾说过："品牌被用来区分不同生产者的产品由来已久。实际上，英语'品牌'（Brand）一词源于古挪威语的'Brandr'，意思是'打上烙印'。"在诸多历史著述中，均记述了古代人们在牛及其他牲畜身上打上烙印以表明主人是谁，在未干的陶器底部按上指印以表明制陶者，在斧头、镰刀、木桶等工具上烙上印记以表明生产者。当社会生产的规模渐次扩大，品牌印记的使用迅速普及并带来无形的价值时，寻求品牌保护的"商标"（Trademark）及商标法便随之诞生。值得思考的是，品牌催生了商标，而商标又反过来促进了品牌的发展。正如美国广告专家约翰·菲利普·琼斯所说："品牌由商标发展而来，长期以来，商标一直是向发明者的专利提供法律保护的工具。但是，对100多年前出现得最早的品牌而言，品牌开发过程所衍生的目的和重要意义超出了法律保护的单一职能。品牌向它的购买者隐含着产品质量和同一性的保证，购买者除此之外，或许对该产品的生产商一无所知。更重要的是，品牌可以准确无误地把一个生产商的产品同另一生产商的产品区分开来。"也就是说，品牌比起商标单一的法律保护功能来说，多出了丰富的内涵以及相应的促销功能与经营功能。

随着市场经济全球化进程的加快，消费者有了更多产品可以选择，对企业而言，设计出一套具有现代感的品牌进行有效的品牌行销策划，以使品牌产品的差异化更加突出，显得更为重要。当一个消费者走进某个大商场时，面对琳琅满目的商品会感到眼花缭乱。他在做出选择时，首先是根据自己的需要，然后认出或想起某个品牌是某一类产品，具有他所需要的功能，这一品牌即得到了他的认知。对一般消费者而言，不可能知道千万种商品的详细功能，也不可能具有专业人士的鉴别能力，他们最安全、最快捷的选择方式就是认购获得大家认同的、品质优良的品牌产品。这便是"认牌消费"。

在信息时代，时间、注意力和信任是最为稀缺的资源，它们不是自发地存在于市场中，而是存在于消费者心中。三种当中的任一种稀缺资源都是单独而明确的，但它们又紧密地联系在一起。戴维·刘易斯说："缺乏时间必然会导致人们注意的范围缩小，这反过来又使消费者对商品的信任度降低。"这是因为，消费者不可能有，即使有也不会愿意花费时间建立同供应商的紧密联系，时间对消费者所造成的压力使他们没有足够的耐心去容忍供应商造成的任何拖延或失误，激烈的市场竞争意味着消费者必然会不断地受到竞争者提供的产品的诱惑。

品牌的基本功能就是能够减少消费者在购买商品时花费的时间。对消费者来讲，选择知名品牌无疑是一种省时、省心而又可靠的决定。在经济条件许可的前提下，一个欲购买轿车的消费者会选择奔驰或通用汽车而不会选择长安汽车或奥拓。一个成功的品牌，会以一种始终如一的形式，将品牌功能与消费者的心理需要连接起来，并通过这种方式将品牌的定位信息明确地传给消费者，使之产生购买欲望。

无论是以身份认同的形式还是以诉求个性的形式来塑造品牌亲和力，都会培养消费者对该品牌的心理归属和消费依赖。

（一）身份与地位

在市场经济条件下，任何消费，都是消费者社会心理实现和标示其社会地位、文化品位、区别生活水准高低的心理特征的外化。一个人的服饰、谈吐、闲暇时间的安排、饮食的偏好，家居、汽车、假日的选择等，都是他自己的品位个性与风格的认知指标。消费心理的个体，不仅仅谈论他的服饰，而且谈论他的家居、家中的陈设与装潢、汽车及其他生活消费活动，根据这些东西的品位，人们就可对它们的主人予以解读或进行等级、类型的划分。

品牌的价值赋予了品牌消费者优越的身份认同，在品牌价值的心理消费中获得了自信和自豪。"德国名牌，贝克啤酒，眼光独到，高人一筹"的意味很明确，它所满足的并非只是口味的超乎寻常，而是身份和品位的出人头地和与众不同。品牌形象和符号的消费变成了个人进行自我确认的心理及行为。

品牌消费者把品牌服装等所消费的品牌商品当作沟通工具，当作阶层身份的象征。法国学者热拉尔·拉尼奥所说的"冲突性广告"的"炫耀"

职能，"即给市场竞争商标添加一个（想象的）剩余价值的职能"。这种职能的全部目的就是使"大规模生产的商品独特化，使商品带上被炫耀的和炫耀性的形象。一些普遍'动机'（如性别特征）和社会'动机'（如声望）被组合到形象之中"。

（二）亲和力与个性

正如波德里亚在《消费社会》中所言，消费对象不仅是被消耗的物品，而且包括了整个消费者的周围群体和周围世界的意义，正是这种"整体性的反应"奠定了现代社会的品牌文化基础。品牌价值的内容和形式正重构着我们的社会理性，在消费文化弥散的氛围中，品牌消费俨然已成为一种大众理性，成为一种意识形态。

因而，一般而言，品牌具备符合市场需求的功能，能够满足消费者的预期品质，能够激发消费者的品牌忠诚和品牌向往；品牌又意味着其产品和服务、科技应用、管理和营销推广的不断创新，品牌经营意味着品牌很关注品牌形象。这一切都促进了消费者品牌意识的形成和加强，使"认牌消费"成为一种趋势、一种潮流。

（三）幻想空间

每个人都有自己的梦，而品牌很能捕捉消费者内心的梦幻，用迎合期待、营造理想的方式亲和消费者，把品牌内涵植根于消费者的幻想和期待中，预付梦想和幸福的感觉。

西班牙皇家马德里俱乐部是世界上最成功的俱乐部之一，皇马白色的队服以及伯纳乌球场的声名显赫，让许多踢球的小孩把效力皇马当作自己毕生追求的梦。

对职业球员来说，参加世界杯的比赛既能显示自己身份、地位和水平的出众，又能满足追求最高表演舞台比赛的心理，更重要的是还给了球迷即消费者消费这种高质量比赛的心理向往，从而产生一种自我心理满足的自豪感。

（四）购物空间

威廉斯说："百货商场对购物过程所做的贡献比它对货品梦幻般的陈列方式贡献更大。首先，虽然它的环境给予顾客全方位的信息刺激，但它并不期待顾客马上就掏钱购物。这类商场鼓励顾客在商场内随意逛。它们期望的是顾客能吸收它们（按自己的方式）对这个奇异消费品世界的美妙绝伦展现。"这种挑逗性的购物环境是品牌的符号价值不可缺少的部分。

顾客到商店里来马上就买东西，买了东西就走。这种传统的购物方式强调的是商品的"使用价值"。随着商品的核心由"使用价值"向"交换价值"以及"符号价值"转换，以百货商场为标志的消费体现的是大众普遍对品牌的"交换价值"的强调和对"符号价值"的诱导。消费一直寻找的某种体验演变成消费者与品牌之间的情结，正是这种情结影响甚至直接决定了消费者的消费行为。

五、品牌的心理价值

有多少人能喝出可口可乐和百事可乐的区别？但我们能清醒地辨认两种可乐的品牌内涵：可口可乐洋溢着友爱和快乐，百事可乐则代表一种体育精神，表现了奋发、激昂的生命力。喝可口可乐就能得到友爱和快乐吗？喝百事可乐就能得到力量吗？消费者全知道："当然不是。"品牌推广的真正意义是：通过音乐、画面、人物形象的渲染，激发消费者的生活体验，使消费者认同并欣赏这种情感价值，进而认同和购买品牌产品。所以，我们在消费可口可乐或百事可乐的同时，也消费着快乐、友爱和活力这种文化价值。

这种文化的情感精神就是一种情结，通过品牌独有的气质和文化让大众去不断地追求和消费。通过广告和其他方式的品牌展示，消费文化得以对货品的原始意义和使用概念进行改变，并赋予新的形象和符号。就是这些新的形象和符号唤起了人们内心里的各种深层欲望。

我们可以看到，当男男女女、老老少少穿梭在一排排巨大的货架之间，流连于五花八门、琳琅满目的品牌面前，他们脸上露出的笑容，不只是因为找到了自己满意的品牌，更是为能够穿行在巨大的货架间，随意翻动和拿取这些梦寐以求的品牌商品而感到心满意足。

六、品牌的时尚魅力

欲望是本能的延伸，所以今天我们可以看到，品牌广告的"聒噪"和"鼓动"指向消费者身体和心理上每一根可以唤醒的神经——每一寸肌肤、每一个部位、每一个姿态、每一细微的心理"脆弱"。一声声诱人的广告语，一个个炫目的明星秀，熨烫着芸芸众生潜藏在心底的每一丝期待，欲望由此而生。其中，女人学会了品牌广告"教唆"的最有效的方法来吸引和迷倒男人：某某化妆品的呵护可使你容颜美丽、光芒四射，"今年二十，明年十八"；某牌子的丰乳保健品可使你更加性感，明白"做女人挺好"的滋味；某牌子的内衣可以使你比平时多 100 倍的魅力。

那么，品牌又是如何培养人们对它的消费习惯的呢？很多时候，品牌商都把眼睛盯向了"时尚"，用时尚的杠杆推动需求，在"制造时尚"的诱惑中把你的欲望激发出来，培养起你消费某种品牌的习惯。

20 世纪 70 年代末，当索尼公司制造的便携式放音机即将推出时，他们首先在东京最热闹的公园举行记者招待会，强调便携式放音机是专门为了适应散步等户外活动的需要设计的，它的名字就叫"步行者"；接着公司雇用了许多模特儿，让他们戴着"步行者"在商场、公司等闹市区往来穿梭，以给公众留下深刻的印象；此外，公司又将这种"步行者"便携式收音机赠给了既能制造舆论又是现代社会时尚的新闻界人士、运动员及文艺影视明星。在这种"时尚"的攻势下，索尼公司的"步行者"牌便携式收音机很快赢得了青少年消费者的喜爱和追捧。在整个日本，以后又在美国、欧洲和中国很快流行开来，成为整个世界的一种消费时尚。

曾获得诺贝尔经济学奖的哈耶克说："在一种新商品成为一种公众需要并构成一种生活必需品之前，通常只是少数人的玩品，因此，今日的奢侈品乃是明日之必需品，再者，新产品之所以常常会被越来越多的人使用，完全是因为它们一度曾是少数人的奢侈品。"而媒介的推动和引导以及品牌的推广、广告的诱惑正使这种奢侈品成为时尚，成为潮流，成为未拥有者不倦的追求和奋斗的精神支柱。其中，品牌产品正是这种奢侈品，支撑着社会的"梯队递进"型发展。

克伦威尔说，人绝不可能攀登得比他并不知道要去的地方高。品牌广告对于改变消费者内心的欲望结构，创造并发展某种消费欲望起着很大的作用。议程设置理论告诉我们，特定的品牌广告或许不能直接告诉消费者怎么去想，却可以告诉消费者想些什么。非洲贫困地区的那些吃了上顿愁下顿的人们在现代化的梦想中是不可能出现家庭轿车和别墅的影子的，南美洲丛林中的土著居民也不会产生拥有一台可以上网的"菲利浦"手机的细微的冲动。为什么呢？因为没有品牌广告来培育他这方面的欲望，他们脑海中根本不知道神奇的消费世界中还有那些张扬着人类欲望和占有冲动的奢侈品。

充斥于广播中、电视上、报纸上、网络中以品牌的消费为轴心的有钱人的梦想、品位、时尚、潮流不就是现代化发展的方向和目标吗？

报纸上、广播里、电视上、网络中铺天盖地的品牌广告的真正目的是什么？是品牌消费的诱惑。"今天你喝了没有""拥有某某，把握成功"，类似的广告把精英们的品位展现得淋漓尽致，把后进者搞得心猿意马。我们的社会之所以存在着如此大的活力，是因为我们的社会到处充满着生机，充满着势差，充满着精英们生活方式和思维方式的引导，而这种引导和诱惑是由谁来完成的呢？是由传媒中品牌传播和构造的品牌的价值来完成的，是由品牌的承诺来完成的。所有这一切可能远远超出你的消费能力，但你不会拒绝品牌替你勾画的美好未来，你只能不断地奋斗以争取得到。

可以想象，当一个平庸的小职员看到报纸版面上和电视广告中陈列着高档商品和琳琅满目的品牌时，产生的将会是一种怎样迫切的拥有心理？当他看到电视上的富翁们购买名牌商品时所表现出的踌躇满志和"当今世界舍我其谁"的气概时，这种自卑和自惭形秽对心灵的压力和震动是巨大的，这种迫切的心情常常会在现实中被媒介培养成某种赚钱致富的冲动，是品牌的"教唆"让他们了解这个世界上许多美好的事物正等待着他们去追求。这种冲动是建设性的、健康的，它使我们的社会健康地运行着。

在我们生活的方方面面，品牌传播所施加的引导、诱惑和暗示是无所不在的。实际上，每天充斥品牌信息是媒介生产出的人的欲望：品牌生产出人的欲望，生产出人们的幻想和希望，生产出人们从相对贫穷走进相对富裕的热情，生产出人们进步的动力。

第三章　体育品牌管理

第一节　体育品牌管理概述

体育品牌管理是体育品牌运行、制定战略的一个重要环节。基本的品牌管理工具同样适用于体育品牌管理，下面介绍目前比较常用的品牌管理工具。

一、品牌轮盘

品牌轮盘是由法国达彼斯公司提出来的，又叫品牌精髓。品牌轮盘是由层层包围的同心圆所组成的，最中心点就是品牌核心。

品牌轮盘强调体系性，强调分析品牌由内而外的系统，从品牌的核心到品牌的属性，品牌的各个方面都进行分析。

品牌轮盘是针对品牌对消费者传播的模型。品牌轮盘致力于品牌的差异化传播，通过品牌自身特有的品牌特征、品牌价值以及品牌文化，达成消费者对品牌强而有力的识别度和忠诚度。

二、360°品牌管家

360°品牌管家是奥美国际（O&M）在 20 世纪 90 年代提出的品牌管理思想。360°品牌管家强调在"品牌与消费者的每一个接触点"上实行传播管理。它是一个完整的作业过程，其核心是把消费者与品牌接触的每一个机会当作一场"遭遇战"加以研究,并对发送出的每条信息进行精心设计,以确保所有的活动都能够建立、反映并忠于品牌的核心价值和精神。

360°品牌管家可以十分简单地划分为以下六个步骤:信息收集、品牌检验、品牌探测、品牌写真、品牌写真应用以及品牌检核。信息收集是指通过汇集产品、消费者、竞争、环境等全方位的关于品牌的"事实",以全面彻底地了解你的品牌。品牌检验与品牌探测是指透彻地检视品牌,了解品牌对消费者而言的感受、意义,揭示两者之间的关系。在具体的操作过程中,奥美国际形成了独特的研究模式,即完全站在消费者的角度收集大量的不同人群(品牌忠诚者、熟悉者、反对者等)对品牌的记忆、态度、联想与期望,去感知品牌、认识品牌,以确认品牌对消费者来说是什么,进而明确品牌与消费者的关系。品牌写真就是关于消费者与品牌之间存在的独特关系的一种生动的陈述,是关于品牌存在理由的最根本的说明。简单地说,品牌写真就是要了解有关品牌的核心真相及精神,做出品牌核心的陈述。品牌写真应用是指所有的广告表现与传播活动全部要以品牌写真为指引,在品牌写真的基础上展开品牌管理。品牌检核是一种简单的反省过程,以重新审查品牌在发展过程中是否一直吻合于品牌写真,确认是否有必要调整营销要素或修正品牌写真。

360°品牌管家可以说是一个过程,即建立品牌后,还要不停地培育它,令它茁壮成长,使其在客户和消费者心中更具价值。它强调开启渠道介质,运用最好的媒体和媒体组合来驱动客户品牌的发展。其责任就是协助广告主,管理品牌资产,其目的可分解为两个方面:一是建造今日的品牌,达成短期的销售业绩;二是忠于品牌核心价值和精神,使品牌经久不衰。

三、品牌未来程式

品牌未来程式是精信广告有限公司提出的一个关注品牌操作理念的观念,它不仅能分析品牌状况,而且可以启发创造有效的品牌策略,是建立强有力品牌的工具。在很多企业日益追求短期的销售问题而忽视和短视品牌概念问题的情况下,精信广告有限公司提出要在尊重每一个人的市场前提下来做品牌策划,看重品牌的未来。

品牌未来程式共分为四个阶段：品牌今日现状、机会、品牌未来、策略，即确定今日品牌机会，创造未来发展策略。

品牌今日现状主要包括品牌的历史历程、品牌现状评估表、竞争定位图三部分，是对品牌现状的具体认识与综合把握。

机会这一阶段主要包括行业发展趋势、成长三角形、消费者心理、SWOT分析，通过了解本行业的发展趋势、产品的成长途径（新用户、不同用途、扩大使用量）、消费者的心理，以及对品牌进行SWOT分析，认识品牌的发展机会与不足，找准机会开拓市场。

品牌未来包括品牌核心与品牌金字塔两部分内容。品牌核心可以显示出核心消费群、沟通主张、品牌个性以及消费者心理是如何有机地结合在一起，创造出一个生动鲜活、不同于竞争对手的品牌的。品牌金字塔则是将多元化的产品及种类，利用品牌核心，形成具有共通性的系列产品，即找出将不同系列产品及其利益点有机地结合起来的品牌核心。

策略具体是指制作目标优化表、广告简报、整合策略简报，通过目标优化表可以对不同的策略目标进行比较，评估和厘清需要优先达到的目标。一份简短而生动的广告简报有助于创意团队进行广告创作。而一份整合策略简报则可以帮助企业发展多向沟通平台，进行整合营销传播。

品牌未来程式在充分认识品牌的前提下，能为品牌勾勒一幅未来的品牌疆域及定位图，并提出行之有效的策略方法。它不仅可以帮助品牌提升知名度，而且可以通过有效的策略方法把知名度转化为购买欲。它侧重于帮助品牌认识自己，在充分认识自身的情况下，进行准确定位，创造未来的发展策略。而且，它更倾向于系列产品的营销，善用整合营销传播。

四、品牌蜂窝模型

品牌蜂窝模型是大卫·艾克在日本电通广告公司提出的进行品牌分析和管理的一个重要工具。品牌蜂窝模型以核心价值（品牌本质）为核心，四周由符号、权威基础、情感利益、功能利益、（品牌）个性、典型（理想）顾客形象六个要素共同构成。

顾客对品牌本质的认同，是品牌的核心价值。核心认同代表着一个品牌最中心、最本质且不具时间性的要素。因此，一个品牌独一无二且最具价值的部分通常表现在核心认同上。

（1）符号：视觉影像和隐喻，将抽象的品牌形象凝结成具象。

（2）权威基础：彰显品牌价值的基本事实，包括产品的特征、历史、代言人等。

（3）情感利益：品牌赋予顾客的情感共鸣。

（4）功能利益：向潜在顾客群展示对其有意义的功能性作用。

（5）（品牌）个性：品牌自我表现的差异化优势，是典型与顾客建立良好关系的方法。

（6）典型（理想）顾客形象：或者称理想化的顾客形象，能成为一个品牌个性的强力驱动。

核心价值是厂家或公司创设的宗旨，其他各要素围绕核心价值形成一个成长与扩张的结构。利用品牌蜂窝模型能够记录下那些品牌定位所必需的要素，为品牌的发展绘制一系列的目标层次；同时作为品牌诊断工具，它能够获得品牌的事实以及品牌在消费者心目中的地位。

品牌蜂窝模型是基于消费者认知层次分析的品牌策略图。它描述了消费者不同层次的认知目标，由表及里、由浅入深，是一个逐级递进的过程。同时蜂窝模型天然的成长性和扩张性，代表了品牌的开放性和永续发展的要求。蜂窝模型不仅可以使品牌传播策略做到从上至下（品牌分析、品牌识别要素选择、整合品牌传播等），更重要的是构筑蜂窝模型实施品牌传播的过程是全方位的合作，品牌识别策略、市场策略、营销组合、传播组合（包括广告、公关、直销营销、促销等）等环环相扣，在顾客心目中树立形象，提升消费者对品牌的认知程度。

第二节　体育品牌运作与竞争

体育品牌要成功地深入消费者心中，经历准确的品牌定位这个重要的环节之后，应该做的就是如何运作出一个成功的体育品牌和保持消费者对品牌的忠诚度。体育品牌的最大作用不在于一两次的成功营销战略，而是依靠品牌打造完整而全面的品牌形象。利用体育品牌形象，成功地使体育产品导入市场并在激烈的市场竞争中立于不败之地。

一、打造体育品牌形象，完善体育品牌运行

体育品牌形象的建立和运行都是依靠体育品牌战略来完成的，通常品牌战略有差异化战略和生命周期战略。

1. 差异化战略

差异化战略的核心就是区别自身产品和服务与其他竞争者的不同，并依此建立品牌优势。这一点与罗瑟·瑞夫斯的 USP 理论（独特销售主张）有异曲同工之妙——都是依据自己的特点，建立起自己的竞争优势。

差异化战略并不仅仅包含自己的产品和服务的差异，同时还包含人员差异化、渠道差异化、形象差异化。

人员差异化主要在于企业人力资源的专业服务。这一点特别适用于服务型的产品。专业化的服务、良好的员工素质，都是人员差异化的主要手段。

渠道差异化的特点是，避免与竞争对手利用相同的销售渠道，从而导致不可避免的产品价格战。因此，可以选择与竞争对手不同，同时又适合自己的销售渠道。利用渠道优势建立品牌优势，保证品牌运行。

形象差异化是指在产品的核心部分与竞争者类同的情况下，塑造不同的产品形象以获得差别优势。形象就是公众对产品和企业的看法和感受，塑造形象的工具有名称、颜色、标识、标语、环境、活动等。

2. 生命周期战略

体育产品生命周期通常包含导入期、成长期、成熟期、衰退期四个阶段。所有产品和品牌都拥有这四个阶段，因此，先用体育产品详细解释这四个阶段。

（1）导入期

导入期是指一个全新的体育产品刚刚进入市场的时候，产品不被认知，市场没有显现需求的时期。

（2）成长期

成长期是指一个体育产品已经被更多人所认知，在市场上开始显现出强劲的成长势头，需求急剧增长，需求空间开始加大的产品生命阶段。

（3）成熟期

成熟期又称稳定期，指体育产品在市场上销售量和利润都逐渐趋于稳定的阶段。

（4）衰退期

衰退期指体育产品已经陈旧老化，市场开始萎缩，直至产品受到淘汰的时期。

上述定义是对体育产品来说的，相较于品牌，则分别指品牌的品牌形象建立阶段、品牌被认知阶段、品牌成熟并拥有稳定忠实消费者的阶段、品牌逐渐被消费者淡忘或者不再认同的阶段。面对这几种情况，应当采取不同的品牌运作方式。

体育品牌运行时，通常是两种战略结合使用，不再局限于使用哪一种，以期望达到更好的品牌效果。

二、体育品牌竞争的三种角色

体育品牌竞争的环境是相对于竞争者来说的，市场竞争中有三种角色：市场领导者、市场挑战者和市场追随者。应根据自身的特点，制定不同的体育品牌竞争策略。

一般来说，竞争中，市场挑战者和市场追随者占据大多数。市场挑战者和市场追随者的主要任务是确立自己的竞争优势，通过有效的品牌竞争手段，打开和扩大市场份额，追求利润的最大化。市场领导者则是已经控制了较多的市场份额，品牌形象深入人心。

通常，市场领导者需要做的是，总体扩大市场份额、开发新顾客、保持原有的市场份额等；市场挑战者则需要确定战略目标，直接攻击市场领导者，或者吞并市场追随者扩大自身实力；市场追随者则必须通过相应的战略，谋求自身发展，拓展市场并保持已有的市场份额。

在市场竞争中，企业应优先确定自身的竞争环境，并选择适合自己的品牌竞争策略。我国市场中，耐克、阿迪达斯、锐步等国际品牌和李宁、安踏等本土品牌就一直进行着激烈的市场竞争。

三、制定体育品牌战略，直面竞争

面对激烈的竞争，制定体育品牌战略显得尤为重要，通常体育品牌战略的制定是由企业决定的。品牌竞争战略包含竞争者导向型品牌竞争战略和顾客导向型品牌竞争战略，企业应根据自身特点选择不同的竞争模式。

1. 竞争者导向型品牌竞争战略

竞争者导向型品牌竞争战略是以竞争者为核心的品牌竞争方式。这种方式的优点是迫使企业时刻保持高度警惕，紧随行业步伐；缺点是容易造成企业为他人所牵连，缺乏自身长远发展的规划，不利于长远的发展。体育品牌要充分分析竞争对手的特点和优势、劣势，从而找准自己的位置和发展方向。

2. 顾客导向型品牌竞争战略

顾客导向型品牌竞争战略是以顾客为核心来制定相应的品牌战略。这种方式会使企业更多地关注自身的品质与服务，投入更多的精力，提供更好、更多的产品和服务。因此，可能会忽视竞争对手的恶意攻击，从而造成不良的后果。对体育品牌来说，具体要加强对消费受众的定位和分析，然后在产品中投入更多的人文关怀。

从长远的角度来看，顾客导向型品牌竞争战略更有利于企业的发展和长远规划。消费者才是保证品牌战略成功的基石，同时也有利于企业往创新型企业的方向转变。

第三节　体育品牌文化

品牌文化是通过赋予品牌深刻、丰富的文化内涵，建立鲜明的品牌定位，并充分利用各种强有效的内外部传播途径形成消费者对品牌在精神上的高度认同，创造品牌信仰，最终形成强烈的品牌忠诚度。体育品牌文化可以理解为企业在长期的经济活动中，所创造出来的物质形态与精神成果。具体来说，体育品牌文化是指有利于识别某个体育品牌销售者或某群体育品牌销售者的产品或服务，并使之同竞争者的产品和服务区别开来的名词、标记、符号或设计，或是这些要素的组合；是指文化特质在体育品牌经营活动中的一切文化现象，以及它们所代表的利益、情感属性、文化传统和个性形象等价值观念的总和；是指体育品牌在文化特质积淀过程中，文化创造者所呈现出来的精神、行为状态。

体育品牌的文化价值，是社会物质形态和精神形态的统一体，是现代社会消费心理和文化价值取向的结合。体育品牌文化就是体现出的体育品牌人格化的一种文化现象，如李宁提出的"把精彩留给自己"的个性主张。体育品牌文化价值不是产品本身所创造的，产品只是具体的载体。

一、体育品牌文化特点

（一）个性化鲜明

体育品牌最重要的个性化价值就是标志差别化的产品与服务。在长期的体育品牌建设过程中逐步积淀出的体育品牌文化，最突出的特点就是具有能够显示品牌差别的个性化特征。例如，同为运动品牌，阿迪达斯以"每位选手，每个高度，每场比赛，都要获胜"展示其追求成功、拼搏进取的品牌文化个性；而耐克则以"你的前面没有终点""JUST DO IT"来彰显其不畏艰险、特立独行、挑战极限、超越自我的体育品牌文化个性。

（二）主观化突出

体育品牌文化是品牌拥有者事先设计好，在寻找体育品牌文化定位，从而进行修正的一系列实践活动中积累而成的。和人类文化不同的是，体育品牌文化往往带有设计者作为体育品牌领袖的个性特征。人类文化是在不自觉的状态下历经成千上万年的积累慢慢形成的，而体育品牌文化则是品牌拥有者按照品牌定位，通过广告、公关、促销等一系列活动强行积淀而成的，历时相对短暂。

（三）具有稳定性

体育品牌文化一旦形成，便具有稳定性，特别是在体育品牌文化中的精神文化领域。体育品牌文化形成后，品牌推广的各种营销方式是可以变的，如广告语、广告活动以及体育品牌代言人，但是这些所反映的品牌文化个性、品牌精神文化都是不变的，具有一定的稳定性。仍以耐克为例，自 1971 年创建直到今天成为全球最著名体育品牌之一，其品牌文化一直都是挑战极限、超越自我的体育精神，无论更换多少代言人，推出多少新的广告，始终都是围绕着品牌文化的精神内核进行的。

（四）具有动态性

体育品牌文化虽然具有稳定性，但体育品牌文化并非不受任何外界干扰，它受宏观社会文化系统的影响。体育品牌文化会随着时代发展、社会文化的变迁注入新的内涵。广告能体现出这个品牌的文化内涵与倾向，很多体育品牌从刚打广告到最后的广告形式的不断更新，就反映出体育品牌文化具有动态性，尽管大的方向是不变的，但是体育品牌文化的表现元素是不断更新的。

二、体育品牌文化构成

根据品牌文化的内涵，我们可以看出，品牌文化包括物质文化系统和精神文化系统。文化以人为载体，物质文化以器物为载体，围绕着精神文化这一内核，物的审美设计与人的实践活动一起构筑成品牌文化。

（一）精神文化系统

精神文化系统是指能够引起消费者共鸣、拨动消费者心弦或者满足消费者高层次需求的社会文化的精华及民族文化成果总和的展现。精神文化系统包含企业精神价值文化、社会文化、民族文化三个方面，其中企业精神价值文化是精神文化系统的核心。

1. 企业精神价值文化

企业精神价值文化是企业员工在长期共同工作和生活环境中所形成的大体趋于一致的共同的心理需求、价值取向、思维方式和精神风貌。思想信念、心理状态等虽然存在多种选择，但在企业内部生活实践中，由于诸多因素的影响，必然有一种主导性的倾向为多数人所共同追求，并经长时间反复选择而沉淀下来，形成企业精神价值文化。

企业精神价值文化主要包括两个方面的内容。

（1）企业整体价值观

在个人价值观基础上抽象而成的企业整体价值观，是企业文化的重要内容。企业整体价值是企业领导者和全体员工对企业的生产经营活动和企业人的行为是否有价值以及价值大小的总的看法和根本观点。

企业整体价值观的构成一般包括经济价值取向、社会价值取向、伦理价值取向、政治价值取向四个方面的内容。

以价值观为基础，反映企业全员的理想目标和优秀传统的心理定式和主导意识就是企业精神。企业精神是企业员工群体价值取向、健康人格、向上心态的外化，是企业的向心力和凝聚力，是企业全体员工对企业的责任感、自豪感和荣誉感的集中表现，是一个企业存在、强化、发展的精神支柱和根本动力源。

（2）企业精神

企业精神是一种个性精神，它反映了不同企业的独特个性。每个企业都有自己的经营目标、经营范围、管理制度、人员组合、资金、技术、市场、服务以及企业活动的特定空间和地域环境，每家企业都是在自己独特的经营活动中，逐步形成了具有特色的思想观念。因此，不同企业具有不同的个性，这些不同的企业个性必然要鲜明地反映到企业精神中去，形成独具个性的企业精神。

企业精神作为一种实践精神，为员工提供直接的精神支柱和前进动力，成为企业管理可直接开发的文化资源。

2.社会文化

品牌代表了一种文化传统。奔驰代表德国文化——高度组织性、效率和高质量，本田蕴含了大和民族文化传统——精益求精、高效率和团队精神，凯迪拉克折射出美国文化的一个层面——大型组织、追求质量和管理水平。文化传统有时会成为品牌的强大力量源泉，品牌因此而更有持久的生命力和市场优势。万宝路以美国精神——富有进取精神和勇敢豪迈的西部牛仔作为自己的形象象征，因此它获得了全世界香烟消费者的认知，具有强大的品牌优势。

品牌定位能否进入消费者的心中，关键在于它给消费者以什么样的质量和服务。因为品牌标志着商品及企业的质量与信誉，所以好的品牌必须以优良的质量和优质的服务为特征，向消费者做出承诺，获得消费者的充分信任，从而树立起自身的形象，促使消费者忠诚于该品牌。

品牌的建立和维系，仅仅靠质量是不够的，质量再好，冰冷的脸也会把人拒之于千里之外。消费者购买商品也是在购买心情，产品质量过硬、服务到家，消费者自然心情舒畅，买得心甘情愿。

品牌是消费者的一种认知感受，就是要使消费者真正在心理上认同它、接受它。这也就要求品牌中具有一种大众文化、心理文化。

消费者在对品牌的认知过程中，会将品牌的利益认识转化为一定情感上的利益，消费者在购买产品功能利益的同时，也在购买产品附带的情感属性。

3. 民族文化

每个地区或国家的民族文化都有自身的历史渊源和特殊个性。一种文化历史越悠久、传统越深厚，其民族性就越强，越具特色。民族文化的特殊个性表现为不同的民族气质、心理、感情和习俗，这也是一个民族区别于其他民族的主要标志。商家创名牌、保名牌，其目的在于占领市场。市场并非一个千篇一律、一成不变的书本概念，而是不同国家、不同种族、不同文化背景下的亿万消费者活生生的消费需求。这种需求因国度、种族而异，带有各自鲜明的文化背景色彩。因此，任何好的品牌都应首先考虑到本民族消费者的文化需求，以自己民族博大精深的文化为底蕴，充分体现民族的精神面貌。只有这样，才能站稳本国市场，进而走向世界。

民族文化主要体现在民族艺术、民族道德和民族精神等方面。每个民族都有自己的民族精神，都有一个精神的象征。一个民族或者国家理念成为一个品牌的广告概念，并进而推广为狂热的大众流行文化，这个品牌也会最终演绎成为民族精神与国家形象的组成部分。

（二）物质文化系统

物质文化系统是品牌文化的物质载体，是品牌文化物化现象的外在表现，反映品牌的精神文化。凡是与公众接触的和品牌相关的器物都是品牌的物质文化系统。具体来说，产品、商标、企业名称、企业内外部环境、员工服饰、企业造型、招牌标识、办公用品、运输工具、室内用品等，都是品牌文化最基本的要素，可列入品牌的物质文化系统，对它们的审美设计体现了品牌文化的内涵。

1. 产品

产品是消费者对品牌最直接、最具体的认知渠道。产品形象是指企业生产销售商品的品种、质量、性能、规格、款式、造型、设计、商标、包装、标识、价格等在消费者和社会公众心目中的整体印象，是品牌外在形象的特质基础，产品形象的优劣是品牌形象优劣的集中体现。

2. 商标

商标是商品生产者或经营者为使自己的商品同他人的商品相区别而使用的一种具有明显特征的标记。在现代社会，商标已成为产品的代名词，直接体现商品的质量、性能，驰名商标已成为企业的无形资产，其价值甚至超过有形资产。万宝路集团总裁马克斯·韦尔在谈名牌高效益时说："企业的牌子如同储户的户头，当你不断用产品累积其价值时，便可尽享利息。"我国商标专家李继忠的比喻更形象、贴切："一个有信誉的商标，便犹如'核裂变'，商标作为一个中子，通过不断撞击，释放出不可估量的能量。"而赋予了文化内涵的商标会更吸引消费者。拥有世界名牌的可口可乐公司也说，即便其财产化为乌有，只凭借价值300亿美元的商标，照样能够东山再起，重振雄风。正是在这个意义上，人们把商标称作烧不烂的"黄金名片"，而使这张名片熠熠生辉的正是它所透露的文化内涵。

3. 企业内外部环境

企业内外部环境，即环境形象，是一个企业内外生产生活条件的总体表现。环境形象是影响人的心理的重要因素。环境形象对一个企业的形象来说，就像是一个人的外观，所以环境形象应贯彻企业理念精神与品牌文化内核的基调，体现企业和管理人的外观，体现企业管理水平和经济实力，用富于美感的形式展现企业形象和品牌文化的内容。健康、美丽、创造性的环境形象，不仅能激发企业员工的积极性和创造性，渲染一种愉悦、审美的氛围，而且会吸引消费者，获得意想不到的情感表现效果，从而使企业形象和品牌形象大为增色。例如，深圳有家"雨花西餐厅"，先听名字，就可以想象到它的高雅：优雅的音乐，西式的服务，漂亮的地板，清凉的水池，芬芳的鲜花。而真正进去之后，工薪阶层的消费更让消费者惊喜不已，它赢得了每位消费者的胃口。构建环境文化氛围，能给企业带来双重的效益：良好的企业环境形象，对内可凝聚员工的人心，形成良好的企业文化；对外可彰显企业的实力与品牌文化内涵，成为公众认知品牌文化的一个重要平台。

4. 员工服饰

员工服饰是指员工在从事本职工作时统一穿着的能体现企业精神、反映良好精神风貌的服装。员工服饰的设计与企业内外部环境一起构成了生产与服务的品牌文化形象。设计得当、质地相宜的着装，一方面可以增强员工的责任感和约束力，提高员工士气，改变员工精神面貌，体现企业的管理水平和文化素养；另一方面，也给外部公众以美好的审美感受，加深其对品牌生产、服务环节的体验，而体验将转移到对品牌文化的整体认知里去。

5. 企业造型

企业造型是指企业选择、提炼某一人物、动物或植物的个性特点或某一性质，以夸张的手法创造出具有人的性格的新形象。这一具体的形象可直接表现企业属性、经营理念和产品特征，又被称为"吉祥物"。企业造型有很强的信息传递能力，生动活泼的具体形象更能直观引发和补充消费者的想象。

6. 招牌标识

招牌标识是企业的第一门面，具有明显的识别作用。它包括企业招牌、活动招牌、橱窗展示、路标招牌等。

7. 办公用品

办公用品主要有名片、信封、信纸、企业旗帜、证券、奖状、感谢信、账票、工作证件、介绍信、合同书、工作日记、内部刊物等。这些办公用品从细微处向外传递品牌的形象。

8.运输工具

运输工具是活动的广告媒体，免费、投资少而且效益高，越来越多的企业注意利用运输工具增加广告面积与广告频率。

三、体育品牌文化作用

体育品牌是商品经济社会的新产物，随着市场经济的不断发展日益呈现出体育品牌文化的作用。体育品牌是与体育相关文化的载体，文化又凝结在品牌上，同时又是渗透到企业运行全过程、全方位的体育品牌价值观、个性、品位、企业行为规范和群体风格。在长期的市场竞争和品牌建设中形成的体育品牌文化，最重要的作用在于对内增强凝聚力，对外增强竞争力，并不断将无形资产转化为有形资产。

（一）提升体育品牌附加值，提高市场竞争力

体育品牌文化能够通过其精神元素赋予品牌丰富的精神内涵，为品牌披上圣洁的袈裟，使体育品牌通俗的物质形象上升为抽象的精神形象。

每一个体育品牌都需要在市场中与其他同类品牌相互竞争，体育品牌文化可以提升市场竞争力，实现企业的可持续发展。随着全球经济一体化进程的加速，市场竞争越来越激烈，体育品牌文化的空间不断拓展。塑造体育品牌文化，增加品牌附加值，提高市场竞争力已成为当前市场的大趋势。

（二）保持体育品牌差异化，增强品牌核心竞争优势

体育品牌文化的核心是文化内涵。各类体育品牌为了竞争市场形成了文化标志性的差异，用以识别不同体育品牌。体育品牌文化为品牌创造了多层次、多角度的识别功能。首先，从外在视觉系统造成品牌视觉形象上的差异。其次，从行为文化系统上造成行为识别的差异，主要是体育品牌文化在推广实践中所遵循的标准与规范的差异。最后，是从精神文化上的理念识别的差异，通过视觉系统、行为文化系统及其广告语等语言系统所表达出来的体育品牌在价值观、使命、宗旨等方面的差异性，如耐克的"挑战自我"、阿迪达斯的"没有什么不可能"等体育精神文化的差异。

在竞争白热化的今天，不同体育品牌的同类产品之间的差异缩小，要让消费者从众多体育品牌中鲜明地识别出某一品牌，最有效的方法就是让体育品牌富有独特的文化内涵。

（三）可以提高体育品牌的忠诚度

体育品牌文化是民族、历史以及传统文化的结晶，蕴含着丰富的人文知识，要让简单的消费成为一种对文化的学习和体验，这样可以提高消费者的个人品位，增进消费者对某一体育品牌的好感度和忠诚度，拉近消费者与品牌的距离，进而提高消费者对品牌的接受度，那么消费者在购买时就会首选这一体育品牌。同时，体育品牌文化还能提高消费者对品牌的认同感，进而保持消费群体的固定性。

（四）品牌文化的整合

1.资源整合

体育品牌文化从开始便有整合资源的行动。尤其在竞争激烈的今天，不同体育品牌同类产品之间的差异缩小，要使消费者能在众多的体育品牌上鲜明地识别某一体育品牌，便需要整合资源让体育品牌具有独特的文化。

体育品牌文化的塑造涵盖了设计、生产、销售、服务等一系列环节，涉及企业的人、财、物等多个要素。应通过对与某一体育品牌相关的各类无形资源的组合、配置，以及对有形资源的选择，再将无形资源和有形资源相整合，达到各类资源的合理利用与配置。

2.传播整合

在媒体数量倍增、广告信息泛滥的信息时代，不能靠单一的销售来实现体育品牌文化的广泛传播，通过媒体传播已成为必然的趋势。品牌文化实现了品牌统一化、标准化的层次识别，从而为品牌的进一步传播创造了在不增加传播费用、营销费用的基础上，使体育品牌信息量得到成倍增长的效应，实现了体育品牌传播的集约化，提高了传播绩效。

全球化的今天，各国将本国产品和品牌推销到全世界，广告是最重要的手段。广告不仅会将本国文化随着商品的推销传播到其他国家，而且在传播过程中也要充分考虑融合其他国家的文化。因此，广告也是传播文化的载体。

　　广告活动不仅是一种经济活动，还是一种文化交流，文化通过商品传播，商品通过文化增值。中国古代在丝绸畅销西域的同时，也将古老的东方文明传向了西方。广告在创意、策划和传播方面都离不开文化。

第四章　体育品牌营销发展

第一节　体育品牌营销历史回顾

　　体育营销在广义上包括两种含义：营销体育与"通过"体育的营销。营销体育，是指体育组织通过与其他组织之间的产品、价值的创造与交换来实现体育组织自身需求的一种社会管理过程。换言之，就是各种体育赛事、体育组织运用市场手段进行的自我营销。"通过"体育的营销，也就是我们通常意义上所理解的体育营销，它被定义为"把营销原理和过程专门运用到体育产品和那些借助于体育来营销的非体育产品上"。也就是企业通过实物和资金赞助等手段，同体育组织、赛事、体育明星等建立联系，获得相应的权利，进而运用广告、公关、促销等手段，围绕品牌定位进行整合传播，建立独特的品牌联想，有目的地推进营销策略的实施。

　　WTO 亚太区总裁陈述以网球为例，认为对网球运动员来讲，最重要的一点就是要跟球迷有良好的关系，经常有互动，这样的话才能够使得这项运动能够得到更多人的关注，特别是面对新一代，推出新的品牌活动。在这个活动中，我们用的是 38 名国际女子网球协会非常顶级的运动员和正在成长的运动员做一个很短的视频，然后放在一起，讲述自己在网球道路上的成长过程。其中包括塞尔维亚运动员安娜·伊万诺维奇，讲述她在战后的塞尔维亚训练。还有李娜肩负着要夺取中国第一个大满贯冠军的重任，她是怎样的心态。通过电视、平面媒体、数字媒体，在全世界 80 多个国家发布，借此跟广大的球迷进行互动，每天通过 face-book、推特等社交门户网站，向广大的球迷发布信息。

从消费者角度看，体育产业三大部类要满足的需求对象是统一的。比赛需要观众，媒体需要受众，产品需要顾客。体育没有观众，媒体就很难去报道；媒体没有受众，体育品就不会做广告；体育品的分销和推广如果不以顾客为中心，顾客也不会去买它的，单一市场化是体育产业发展的必经之路。但市场化首先不是"赚更多的钱"，而是要采用市场化的组织、流程和渠道，提供更符合市场需求的产品和服务。"从商业合作伙伴和专业投资人的角度看，在中国，体育用品层中一些即便是很小的品牌，也通过在广阔的二三线市场开拓布点而拥有其商业价值，但内生价值极高的很多运动员品牌其潜力还没有得到挖掘；在商务人士眼中，像王濛、刘子歌都具有过亿的潜在商业价值，但这些价值的开发、实现却需要有组织的规划和专业的运作。很多体育核心层运动员及赛事的市场运作团队还没法提供有针对性的，甚至标准定价的商业合作服务。这方面像 CCTV 广告运作机构、体育用品企业营销部门的组织流程、产品和服务都值得他们去研究、借鉴。"

一、我国体育营销案例

随着 2008 年北京奥运会的临近，以及即将到来的 2007 年女足世界杯、2010 年广州亚运会，据业内人士预测，未来 10 年，中国的体育产业将迎来发展的黄金时代，并将创造出上千亿元的市场价值，作为全球最受关注的产业之一，体育产业正在中国市场酝酿着巨大的商机。于是，如何搭乘体育营销这辆快车就成为国内众多企业关注的焦点。

但是，如果从 1984 年健力宝首次利用当年的洛杉矶奥运会赞助中国体育代表团，开创中国体育营销元年算起，中国的体育营销也已经有多年的历史，在这 20 多年中，中国的企业取得了重大的发展，中国的企业利用体育赛事进行的营销既有成功也有失败，总的表现并不是很好，与国外知名企业熟练运用体育营销相比中国的企业还有很多需要学习的地方。而为了能够清楚地看出中国体育营销 20 多年来的发展脉络，我们对中国的企业体育营销做了一个简单的梳理，通过一些重要事件的彰显，或许能够给我们的企业在进行体育营销时带来一定的思考。

二、健力宝: 1984 年中国体育营销元年

1984 年, 时任广东三酒厂厂长的李经纬背着米酒在从佛山到广州挨家挨户的推销中, 发现了一种运动饮料配方躺在广东省体育科学研究所的文件夹里无人问津, 李经纬带回了配方, 健力宝随之诞生。

就在这一年, 第 23 届奥运会在洛杉矶召开, 健力宝敏锐地看到了中国第一次参加奥运会必将载入史册的良机, 拿出 40 多万元赞助中国运动员, 新生的健力宝与中国运动员一起走进了奥运会场, 走出国门走向了国际。在西方有人们"东方魔水"的叫喊声中, 李经纬完成了中国产品第一次真正意义上的全球"体育营销", 开创了中国体育营销元年, 从此"中国魔水"一举成名。

此后健力宝更是逐渐加大在中国体育事业上的投入, 先后被指定为第 23 届、第 26 届奥运会中国体育代表团首选饮料, 第 11 届亚运会、第 6 届、第 7 届全运会专用运动饮料, 1996—1998 年全国足球甲 A 联赛指定专用饮料。健力宝的广告也一直以体育为主题, 利用国人对体育的期望和振奋, 将健力宝、体育及消费者的心紧密相连, 业绩一路高歌猛进, 成为中国最知名的"民族饮料品牌"。这种以体育运动为阵地的宣传方式, 使健力宝在国内外各种赛事中频频亮相, 并通过新闻媒体的传播, 大大提高了知名度。使得健力宝曾连续 10 年位居中国第一饮料的地位。1984 年, 中国第一次参加奥运会的契机成就了健力宝的体育营销史, 也造就了它的辉煌。

三、李宁: 1990 年开创中国体育用品品牌营销先河

1990 年, 被世人誉为"体操王子"的李宁, 退役后创建了以自己的名字命名的公司, 李宁有限公司在广东三水起步。这一年, 第 11 届亚运会在北京召开, 李宁以此为契机, 在产品尚未面市之前, 赞助亚运会中国代表团, 开始自己公司的经营业务, 从此也开创了中国体育用品品牌体育营销的先河。

随后, 1992 年的巴塞罗那奥运会, 李宁被选为中国体育代表团专用领奖装备的提供商, 从而结束了中国运动员在奥运会上穿着国外体育品牌

服装的尴尬历史。从此以后，李宁公司每届奥运会都是中国体育代表团的赞助商。同一时间起，李宁也成为体操、跳水、乒乓、射击中国4支国家队的独家赞助商。这4支运动队伍成绩都相当好，也是奥运金牌大户。李宁牌成为赞助商，借它们的辉煌成绩展现自己，在消费者心中留下了一席之地。

此后，李宁公司开始赞助国外代表队，启动自己的国际化进程。最让人印象深刻的是2002年9月世界女篮锦标赛上，西班牙女篮和中国女篮争夺第5名时，西班牙女篮穿的是"李宁"，而中国女篮穿的是耐克，后来西班牙女篮赢了。这一戏剧性的场景在2004年雅典奥运会上再次重演，在男篮赛场，身穿中国李宁专业篮球装备登场的西班牙队与身穿耐克运动衫的中国队短兵相接，同样是西班牙队胜利。两个体育服装品牌在世界赛场上的不期而遇，成为2004年雅典奥运会上中外体育品牌同场竞技的经典场面。

对体育赛事的赞助，让李宁有了与国际品牌逐鹿市场的资历。2005年1月，李宁公司成为美国职业篮球协会（NBA）战略合作伙伴，极大地提升了李宁篮球品牌的专业形象，逐步扩大了自己在国际上的影响力。

四、农夫山泉：1998年窜出的一匹"黑马"

农夫山泉成立于1996年9月，1997年6月开始在上海、浙江的重点城市上市；1998年农夫山泉在全国推广。然而，1998年的"水"竞争已是十分激烈，当时娃哈哈、乐百氏以及其他众多饮用水品牌大战已经打得不可开交。

一个新的品牌，如何在"战火纷飞"中杀出一条"血路"？农夫山泉敏锐地意识到，1998年世界杯足球赛是可以集中消费者注意力的最重要的体育赛事，如果利用这次世界杯的机会进行广告宣传，就可能在短短一个月的赛事期间让亿万中国球迷知晓农夫山泉，这比平时广告要有效得多。于是，农夫山泉结合中央电视台世界杯赛事节目的安排投放自己的广告，并在体育频道高频率播出，许多足球迷和体育爱好者对农夫山泉留下了深刻的印象。

同时，农夫山泉还出巨资赞助世界杯足球赛中央电视台五套演播室，使品牌得以更好地宣传。结果，仅一个月的时间，农夫山泉就成为一个家喻户晓的饮用水品牌，"农夫山泉有点甜"的广告语响彻神州大地，市场占有率从原来的十几位迅速跃到第三位，被誉为饮用水行业杀出的一匹"黑马"。从此，农夫山泉在中国的水市场奠定了自己的地位。

五、安踏：1999 年第一个吃"明星螃蟹"者

尽管早在 1995 年，安踏就领先于国内其他品牌，赞助第 67 届男、女子世界举重锦标赛等赛事，开始了自己的体育营销之路，但对安踏来说，1999 年意义非同寻常，在这一年，安踏聘请乒乓球名将孔令辉出任安踏品牌形象代言人，成为国内企业第一个请体育明星做代言人的企业，从而也开始了与中国乒乓球协会长达数年的合作，与作为国球的乒乓球运动结下了不解之缘。

安踏签约孔令辉之后，公司在终端形象、广告投放、终端活动推广上都围绕刚签约的代言人孔令辉开展，随着孔令辉成绩的取得，其个人魅力也是达到了如日中天的地步，安踏的品牌形象也自然迅速被国内体育爱好者所关注。一句"我选择，我喜欢"更是响彻大江南北，同时借助中央电视台强势媒体的广告投放，安踏知名度得到了迅速提高。

随后的 2000 年悉尼奥运会，中国乒乓球实现了大满贯，孔令辉也战胜瑞典名将瓦尔德内尔获得了乒乓球项目中最重要的一块金牌。安踏的品牌形象再次得到了显著提升，品牌的提升在产品的销售市场上收到了立竿见影的效果，安踏的运动鞋市场的占有率也在国内同行中位居第一。

可以说，1999 年安踏请孔令辉做代言人是一个标志性的事件，正是从这一年开始，安踏的市场占有率出现第一次飞跃，从一个名不见经传的企业成为一个销售额达到 3 亿元的著名品牌。

六、联想：2001—2004 年的奥运 TOP 时间表

2001 年 7 月 13 日夜，北京经过 8 年的艰苦努力，终于赢得了 2008 年奥运会举办权。

2001 年 8 月，联想集团组成了专门小组，研究和讨论联想与奥运携手

的各种可能性，这成了联想进军 TOP 计划的前奏。因那时离北京举办奥运会还有 7 年。出于公司保密需要，小组确立了"007"的代号。

2002 年 12 月，在"联想技术创新大会"上，杨元庆含蓄地向到场的国际奥委会官员询问联想集团成为 TOP 的可能性。

2003 年 2 月 17 日，联想集团以高级副总裁马雪征带队，到洛桑国际奥委会总部开始了为期三天的会议。

6 月 23 日，联想奥运 TOP 决策会举行，柳传志、杨元庆等公司决策层和管理层领导通过奥运会 TOP 计划。

7 月初，联想向国际奥委会发出了一封简短的信，信的主题是联想愿意成为 TOP。

7 月 14 日，国际奥委会技术部官员和都灵奥组委技术部官员正式来联想考察，并决定接受联想台式电脑、笔记本电脑、服务器等多款产品送巴塞罗那测试。国际奥委会的测试结果显示，联想的这些产品和技术顺利通过。

9 月，国际奥委会市场部组队来到联想，与联想商谈合作细节。

2004 年 1 月 17 日，双方就合作细节达成初步共识，联想以 6500 万美元的代价，成为国际奥委会第六期奥委会第 11 个全球合作伙伴，即 TOP 赞助商，为都灵和北京两届奥运会提供计算机设备、技术和相关支持服务。联想成为中国第一家获此资格的企业，同时也受到了来自方方面面的质疑。

根据双方达成的协议，从 2005 年到 2008 年，联想将为 2006 年都灵冬季奥运会和 2008 年北京夏季奥运会及 200 多个国家和地区的奥委会、奥运代表团独家提供台式电脑、笔记本电脑、服务器和打印机等计算机技术设备以及技术和资金上的支持。而联想将获得在全球范围内使用奥林匹克知识产权的回报。

七、金六福：2002 年的运气就是这么好

1998 年 12 月，完全 OEM 五粮液的第一瓶金六福白酒诞生。通过对市场和中国酒文化的调查，金六福决定将"福"文化作为金六福的品牌诉求，但是，如何找到突破口，使金六福的"福"文化以最快的速度，传达给最

多的人，成了金六福高层思索的一个重要问题。

而 2002 年日韩世界杯，为金六福提供了一个绝好的机会。

既然金六福把自己定义为"中国人的福酒"，而福酒是"运气就是这么好"，那么谁的运气最好呢？金六福自然想到被世人看作"福星"的米卢。米卢为中国人圆了一回世界杯梦。米卢差不多成了拯救中国足球的英雄，人人皆说米卢是中国足球的大福星，也有人将这归结为他运气好。在感觉到米卢的潜在价值与金六福的福文化完全吻合后，金六福当机立断，以 40 万美金的代价签下米卢作为金六福的形象代言人，并制作了相关宣传片。

40 万美元的投入为金六福换取了丰厚的回报。作为第一个请米卢做形象广告的金六福，广告片虽是匆匆出台，但效果却出奇的好。事后的数据表明，仅在米卢广告片播出的一个月内，金六福就卖出去了一个多亿，市场反响强烈。但是，40 万美元不仅仅是买下了米卢的一张脸与一身唐装，最为关键的是，金六福第一个买下了中国队世界杯出线在国人心中的着陆点，而这也就成为国人在某种程度上为了宣泄这种对出线的兴奋的消费点。

在这次历史性的体育事件中，通过体育营销，金六福取得了出乎意料的效果，金六福的福文化也被广泛地传播开来。根据某调查显示，2002 年金六福牢牢占据了喜庆市场白酒第一的位置。

八、明基：2004 年欧洲杯与首个华人品牌的亲密接触

2004 年，明基斥重金与欧足联结盟，作为欧洲杯唯一的"官方数据提供者"，成为赞助国际顶级体育赛事的首个华人品牌。

欧洲杯主要从两个方面满足了明基的战略需求：一方面，明基的主要消费人群是 18 ~ 30 岁的年轻人，他们是欧洲杯的主要受众，欧洲杯的影响力足以调动明基消费群体的关注度；另一方面，这一举措与企业开拓欧洲市场的战略布局相吻合，是明基启动全球品牌战略的重要环节。明基此前一直在进行欧洲市场的开拓，网络建设已见成效，只差品牌营销的东风来提升当地消费者的购买欲望。借助欧洲杯的影响力提升品牌在当地的认知度，可谓适逢其时。

赛前，明基北京、上海、广州等 10 个中心城市主要电子卖场，举行

"BenQ 带我去欧洲——幸运大招募，梦幻欧洲游"为主题的大型路演活动。在"踢开欧洲杯之门"、"桌上足球运动"、联机电脑足球大赛等游戏的辅助下，吸引了众多消费者。明基还抛出极具诱惑力的促销方案：凡在指定地点购买明基品牌一定金额单件产品的消费者，就能获得明基送上的欧洲杯特别礼品，其中为数不少的幸运儿还将获得最大的"礼品"——亲赴欧洲杯现场看球。将明基是欧洲杯 IT 赞助伙伴的信息迅速传递给终端市场，在品牌与产品之间形成联结与合力。这一营销工程不仅使明基的知名度与美誉度迅速得以提升，强化消费者的品牌认同，更将品牌的国际化战略推向一个新的台阶。

在 2004 年欧洲杯营销战役中，BenQ 品牌和销售双增长，仅欧洲市场销量增长近 300%，而在大陆、香港和台湾等重要市场，BenQ 也确立了消费电子的世界级品牌地位。

九、海尔：2004 年的墨尔本老虎篮球俱乐部

2004 年 4 月，海尔集团和澳大利亚墨尔本老虎篮球俱乐部签署协议：海尔正式冠名墨尔本老虎队，同时邀请该队国际大牌球星安德鲁·盖茨担任海尔电脑形象代言人。墨尔本老虎篮球俱乐部从而成为中国人在海外合资组建的第一支具有国际影响力和冠军头衔的职业篮球俱乐部，也是澳大利亚历史上第一个由亚洲人参与投资的职业篮球俱乐部。

坚持走国际化道路的海尔一直以全球市场作为自己的目标市场，在海尔国际化战略中，澳大利亚一直是海尔在海外拓展的重要目标市场之一，而澳大利亚一直是世界篮球强国，墨尔本老虎篮球队是澳大利亚最具实力的球队之一，也是一支具有世界级实力的著名篮球队，球队历年来通过不断努力取得的骄人战绩和世界级强队的形象，恰好暗合了海尔近年来一直推行的世界级品牌的战略思想。一个是世界级的品牌，一个是世界级的球队，双方的合作无疑将会产生巨大的市场影响力，从而为海尔进军澳大利亚市场提供有效的支持。冠名澳大利亚最著名的篮球队，将有助于海尔在澳大利亚进行快速有效的市场推广。

在澳大利亚，安德鲁·盖茨是一位世界级球星，是一位家喻户晓的人物，

安德鲁·盖茨出任海尔电脑形象代言人，使得海尔电脑迅速成为澳大利亚消费者所熟悉的电脑品牌。就在签约冠名墨尔本老虎篮球队的同时，海尔电脑已经赢得了澳大利亚金星投资公司的批量订单。这意味着，海尔品牌的电脑已经开始登录澳大利亚。

而在 2004 年年初，海尔跻身于由世界五大品牌价值评估机构之一的世界品牌实验室编制的"世界最具影响力的 100 个品牌"排行榜，海尔作为中国唯一的品牌入选，排在第 95 位。此前，从来没有一个中国大陆品牌进入"世界最具影响力的 100 个品牌"排行榜。

十、中石化: 2004 年的一场"豪赌"

F1 方程式锦标赛与奥运会、世界杯足球赛，是世界上最著名的三大体育赛事。2004 年 3 月 16 日，中石化在英国签订了了 F1 有史以来中国企业的最大一单：中石化斥资 8 亿赞助 F1 赛事，拿下 2004—2006 年 F1 中国站赛事的冠名权以及赛道广告等多项权利。

之前，中石化很清楚的一个事实是，2004 年 12 月和 2006 年 12 月，成品油零售与批发市场将分别开放，到那时，美孚、壳牌、BP 这些国外产品将在中国市场畅行无阻，中石化如果没有品牌，拿什么去与它们竞争？中石化试图通过赞助 F1，将自己的品牌推到国际市场，希望借此取得与国际石油企业比肩而立的位置，打造包括加油站、润滑油、沥青等产品在内的整体品牌形象。

2004 年 2 月，中石化与 FOM（国际汽联管理公司）开始接触，而当时汇丰银行等包括国内多个大企业有意 F1 中国站冠名权的消息已风传很久。2 月 29 日，中石化总裁王基铭给 F1 "教父"伯尼·埃克莱斯通写了一封亲笔信，信中明确表示中石化有意取得 F1 中国站冠名权。

从 3 月 14 日，由中石化副总裁李春光带队的 6 人谈判小组飞往伦敦，到 3 月 16 日，中石化在英国伦敦宣布，已和负责 F1 赛事广告的 APM 公司签约，拿下 2004—2006 年 F1 中国站赛事的冠名权以及赛道广告等多项权利，这个过程仅仅两天，中石化闪电般签下协议让世人吃惊，很多人认为，中石化是在豪赌。事后王基铭曾这样对媒体表达：F1 对中国人的影响会因为它第一次登陆中国而引起原子弹爆炸一样的威力，中石化就是要借助这个巨大威力来提升自己的品牌和形象，如果能够达到这种预期的威力，中石化的投入就是完全值得的。

两年过去，2006 年的 F1 中国站赛事就要开赛，中石化是否取得了自己期望的品牌提升程度或许只有它自己最清楚。体育营销一词最早出现于1978 年美国的《广告时代》杂志。从那时起，体育营销就被用来描述各种与体育有关的商业促销活动。日前，在去年李娜签约哈根达斯品牌形象代言人后，近日哈根达斯任命奥美体育为其营销顾问，助力李娜推广哈根达斯品牌形象。在 2011 年奥美体育帮助哈格达斯展开一系列的线上线下营销活动策划，其中包括利用微博和迷你网站等平台与消费者进行沟通，促进"哈迷"与"那迷"之间的互动；开展以重要节日为主线的推广；结合李娜即将参与的国际网球赛事行程，例如今年 10 月的中国网球公开赛，从时尚生活面充分展示李娜，着力打造这位体坛巨星的甜蜜生活，拉近与粉丝的距离。哈根达斯表示之所以选择奥美体育营销团队进行合作，缘于其对体育的理解、对体育媒体资源的掌握及在知名品牌整合推广方面的经验。越来越多的企业开始注重对体育明星、体育赛事的赞助与投资；同时，中国运动员逐步也被国际品牌所关注。由于企业品牌往往对体育营销关联资源体系了解得不够深入，在如何最好地挖掘且利用有利资源方面存在着挑战，奥美体育总监强炜表示："我们爱李娜，也喜爱哈根达斯，相信我们团队的专业和经验能够帮助哈根达斯更好地进行资源整合，发挥明星赞助潜能，激发更好的创意，为品牌推广带来更大效益。"奥美体育曾服务客户于包括 2008 年北京奥运会、2010 年广州亚运会、南非世界杯在内的重大国际赛事，所积累的体育营销服务经验和大量作业案例，使奥美体育在这一领域处于领导者的位置。奥美体育也为红牛长期提供体育营销咨询服务。

第二节　中国体育品牌竞相发力

　　在 2008 年的北京奥运之后，运动服装鞋业再也不是国际运动品牌一统天下的局面，我们看到的国内体育商标越来越多，李宁、安踏、卡帕、匹克、361°……越来越多的国产运动品牌活跃在公众视野之中，从赞助热门体育赛事到邀请国内外知名运动员代言，国产运动品牌的强势崛起，正在改变洋品牌垄断市场的格局，而这一点，在深圳大运会上体现得淋漓尽致。

　　中国品牌甚为快速的崛起，令这个市场似乎在逐渐趋向于百花齐放的态势。而在深圳世界大学生夏季运动会上，这种态势迎来了一个峰值：据不完全统计，在总共有 152 个国家和地区选手参赛的大运会赛场上，中国品牌通过各种形式赞助的代表团达到了 32 个之多，所占的比例超过了20%。如此多的中国品牌在大运会上抢占位置，都是希望借助这个平台打响自己品牌的名声，将触角伸向更为广阔的世界性领域。然而一个不争的事实是，以往曾经出现的通过在一项赛事上的成功营销从而让品牌“一战成名”的故事将很难发生，依靠眼球效应是不能让中国品牌拥有更大发展空间的。

　　1. 国产品牌“取胜”大运会

　　据不完全统计，中国品牌赞助的代表团达到 32 个之多，所占比例超过20%。中国品牌在深圳大运会上打了一场漂亮的突围战，一举冲破了欧美品牌的垄断，成了大运会赛场一道别样的风景。

　　2. “门槛”和曝光率成反比

　　当 361°、乔丹体育、特步、匹克、露友、美克、阿迪王、冰洁等出现在各国运动员的服装、鞋子上的时候，中国品牌无疑成了本次大运会的一个视觉焦点。门槛相对较低、好人手，但曝光率却比较高，能引起强烈的眼球效应，是中国品牌对大运会趋之若鹜的最主要原因。

　　361°体育市场中心总监赵峰向透露了一个对比数字，在该品牌赞助亚运会和大运会的形式和内容差别不算太大的前提下，他们在赞助费用、提供的装备所折合的费用，以及营销所花费的费用方面，用在前者上是6亿元左右，后者则是1.5亿至2亿元。"相对而言，进入大运会的门槛低一些。"

门槛相对低一些，却能引起很大程度的关注，这令很多中国品牌都希望能在大运会上分到一杯"羹"。乔丹体育股份有限公司副总经理黄涛认为，那些国际一线品牌更多的工作是放在如何提升品牌的好感度，以更好地形成领先品牌在消费者心中的第一提及率的概念，而大多数国产品牌则需要在知名度上更多做一些文章——"大运会满足了包括我们在内的很多中国品牌的这种需求"。

3. 更多世界性赛事的敲门砖

中国品牌赞助大运会主要目的不是赚多少钱，而是希望借此成为"敲开更多世界性赛事的砖"。赵峰说："中国品牌更高的舞台是世界性赛事，但人家连你的品牌名字都不知道、不了解的话，你是进不去这个市场的。"

作为有着"小奥运会"之称的大运会，就是一次让中国品牌逐步实现国际化战略的机会。一个比较明显的例子是，特步品牌赞助了美、英代表团，这在奥运会、世锦赛上是办不到的，但在本次大运会上走精英路线却成了现实。特步中国有限责任公司副总裁叶齐在接受采访时说，这是在合适的时机，办了正确的事情。"其实在奥运会、世锦赛上赞助一些高水平的运动队也不是不可能。大运会只是一次尝试，接下来应该还会继续走这条道路。"

4. "一战成名"的故事很难再发生

2001年北京世界大学生运动会，李宁公司独家赞助了俄罗斯代表团，这是中国体育史上第一个赞助整个一支外国代表团的民族品牌。而在最近几届大运会的赛事中，中国品牌的名字越来越多，它们同样希望借助这个平台能获得更多的、在世界范围的知名度和美誉度，甚至"一战成名"。

中国体育界的知名学者易剑东的观点是：在国际一流品牌市场分配相对稳定的状态下，大部分中国品牌想进入一流品牌的行列还是比较困难的，但借助大运会这个中国品牌向国际高端平台过渡的阶梯，可以在使用较低成本的前提下，接触到其他国家的体育组织和运动员，这为他们实现日后的国际化战略积累了一定的经验。但要想通过一个赛事迅速叫响自己品牌的名声，在当今中国体育市场相对拥挤、竞争品牌还在不断增加的环境下，基本上是做不到的。易剑东认为，依靠曝光率和眼球效应是很难让中国品牌获得更大的发展空间的。"中国品牌应在核心技术、内在属性和主攻方向三方面下功夫,但目前整体上中国品牌在这三方面是比较弱的。"

5. 趁着大运促销期赶紧购买运动服

在深圳大运会后,李宁、安踏、361° 等国内运动品牌参加 2011 年第四季订货会,各大品牌在会后相继发布消息,将从第四季开始新一轮提价,鞋类产品的涨幅在 7% ~ 10% 之间,服装价格也将上涨 17% 左右。走访深圳宝安数家运动品牌专卖店后发现,依然有不少门店挂着"迎大运,大减价""买一送一""清仓 3 折"的促销信息。在大运会这个新的"运动热"周期,大运会必定会带动新的一轮运动服装热卖潮,所以,即使各大国内运动品牌面临着利润下降的窘境,在深圳市场上,借着大运的东风,为了抢占市场,国内运动品牌依然继续保持着打折促销的态势。

第五章　体育品牌国际化战略

第一节　体育品牌国际化战略实施

目前，体育正在成为全社会的一个投资和消费热点，尤其是体育用品行业，我国体育用品产业发展迅速，但由于中国人口众多，市场潜力巨大，国外的体育用品制造商都纷纷将目光投向了中国市场，在这一形势下，中国本国的体育用品制造商们如何利用自身的优势资源，制定完善的品牌国际化战略，根植于国土，立足于世界，就成了一个十分值得研究的问题。

一、体育品牌国际化战略

注重科技投入，实现我国体育品牌国际化战略。当今体育品牌之间的竞争日益激烈，一些有远见的国内企业意识到价格不能成为打胜这场战争的唯一优势，产品的科技含量将会是在市场上立于不败之地的法宝。现代世界各种名牌体育用品，无一不凝聚着现代高科技成果的结晶。如耐克、阿迪达斯、美津浓等知名品牌，时刻在展示产品的科技含量，以提高自身的知名度，树立国际形象。如 1991 年美津奴公司利用航空技术，为卡尔·刘易斯制作了仅重 115 克的专用跑鞋，帮助其以 9 秒 85 的成绩打破世界纪录。因此，我国体育用品企业应该引进人才，注重科技开发，吸取、借鉴国外先进技术，提高产品科技含量，以科技为先导，提高产品档次，增强我国体育用品国际竞争能力；同时还应加大"外投"——就是我国的体育用品企业通过在海外建立分公司、工厂和设代理等渠道，直接在资本输入国就地取材、就地生产、就地销售，使资本融入国际社会，落实品牌国际化战略，实现资本国际化，这样既可以绕过贸易壁垒抢占资本输入国市场，又可以扩大本企业产品在当地的影响，对外直接投资是全球性经营活动的龙头活动，也是扩大市场份额、提高品牌知名度的首选方式之一。

体育品牌国际化战略。综观世界知名品牌，无一不体现着丰富的文化内涵。如果一个品牌没有文化的支持，无异于失去了存在的灵魂。国际知名的品牌之所以有广大的市场，并不是它能够取得大部分消费者的认可，而是它创造了一种文化，一种让顾客可以奉为终身的品牌信仰！我国是一个具有五千年历史的文明古国，又是一个有着美好发展前景、开放、文明、充满生机和现代气息的国家。因此，中国的体育用品应将品牌文化作为品牌国际化战略的切入点，从高端理解品牌，从文化的宏观视角塑造品牌，体现出中华民族的人文精神，产品的品牌、图案、造型等应富有民族特色，这才是一个伟大品牌能够成长并走向成功的必然之路。

二、我国体育品牌战略

体育品牌经营的国际化。从 20 世纪 80 年代后欧美国家的一些体育用品企业就注意到了亚洲、中美洲、东欧等地区的市场潜力，纷纷在这些地区建立了分公司和销售代理，并逐渐形成了完善的销售网络。国外体育用品的营销的推广模式已达到整合国际资源的高级模式，产生良好的市场效应，这种营销模式值得国内企业的借鉴。我国的"酒香不怕巷子深"的传统观念已不适应现代激烈竞争的市场环境，因此，我国体育用品业与其相比存在着外部性劣势，要营造国际品牌声誉，我国应该从以下几方面入手：

1. 国家扶持

我国要扶持一些已经具备国际竞争优势的体育用品企业进行国际经营，可以采取股份制改造、合并重组等多种方式把许多中小型体育企业变成实力雄厚的大型企业集团，国家在税收、信贷各种政策上给予支持，通过这些企业集团带动体育产业的发展，并运用各种新闻媒体对我国优质产品进行宣传。

2.体育用品企业做好营销宣传计划

体育用品企业应制订周密的营销宣传计划，利用媒体、电视广告、大型体育赛事提高产品知名度，积极举办或参与全国性、洲际性体育用品博览会，为体育用品企业和消费者搭起一座桥梁，让广大消费者认识和了解我国各种品牌体育用品；要注重产品质量，适应消费者的需求和消费观念的变化，不断追求产品质量的提高，吸引广大消费者。

3.体育用品的服务应当是全方位的

体育用品的服务不仅包括一般意义上的售前、售中、售后服务，也包括对消费者进行体育用品使用指导、体育锻炼方法指导等带有体育专业性特征的服务。还应注重产品的包装、形象，让体育明星成为产品的代言人，影响消费者的购买心理。既为产品树立了良好形象，销售额也大幅度提高。同时，价格也是一个最敏感的商品因素，是实施品牌国际化战略的重要手段，价格的制定要适应广大消费者的现实消费水平。要进行广泛的市场调查，切不能急功近利，不顾大多数消费者的接受能力和购买力。

总之，名牌体育用品是高科技投入、质量、价格、营销、售后服务等多种因素的综合体现。实施体育品牌国际化战略是我国体育用品企业生存、发展的根本出路。体育用品企业应以北京2008年奥运会为契机，注重积累经济实力，增强战略意识、品牌意识，大力发展体育用品产业，打造出属于中华民族的国际知名品牌。

作为公司的管理核心之一，战略发展总监担负着公司发展战略研究、规划、制定的重任，要善于在大环境下把握合适的中小企业战略发展方向。清华大学公司战略发展总监领导力再造高级研修班旨在培养学员容世容人容事的襟怀、高瞻远瞩的视野、深刻的洞察分析力、正确的判断力，以及持续创新的创业家精神，通过公司发展战略、资本运作、管理心理学与经营创新、传统文化等专题课程的学习，打造谙伦理、有气度、有远见的新一代公司领导人。

第二节 有效推进品牌国际化战略

品牌国际化是衡量一个国家、地区和企业竞争力的主要标志，是经济全球化的客观要求，是优化产业结构提升经济发展方式的必然选择。支持和促进企业创自主品牌、走品牌国际化战略之路，是全面推进品牌强省建设的重要内容，是"保稳促调"的应有之义，也是各级工商部门职责所在。以浙江省为例，浙江省工商局出台了八项举措，要求全省各级工商部门切实贯彻实施保障浙江的商品品牌建议调整发展。这八项举措包括：

（一）大力推进商标国际注册

鼓励企业按照"营销未动、注册先行"的原则，积极通过马德里体系、国家商标局和世界知识产权组织国际局的途径，申报注册国际商标。同时，企业也可根据需要通过欧盟、非洲知识产权组织、单一国家等途径实施商标国际注册。在国际注册过程中，工商部门既要指导企业注重商标中文和外文的统一性问题，更要提醒企业重视商标标识在当地的本土化和民族认同感。

（二）加强品牌国际化经营与运作

通过优选一批基础好、已有较高知名度的外向型品牌企业，落实责任人，形成重点企业品牌国际化战略帮扶机制。鼓励企业学习借鉴跨国公司品牌运作经验，夯实产品品质与服务，积极参加国际会展、论坛等活动，扩大国际市场影响。指导企业通过专利研发、广告策划、资本运作、在国外建生产基地、品牌合作收购等方式，丰富提升品牌营运能力。加强分类指导，指导定牌加工企业学会两条腿走路，实施定牌加工与自主品牌双轨并行，逐步增加自主品牌出口比例，先易后难，先进入发展中国家，再逐步打入发达国家。

（三）鼓励驰名商标企业大力开拓国际市场

通过深入宣传驰名商标特殊法律地位和在国际市场中的特殊作用，全力支持和引导驰名商标企业运用特有的法律地位和自身的"金字招牌",开拓国际市场。要学习借鉴浙江知名企业品牌国际收购经验,学会驾驭国际品牌,为我所用。在合作并购过程中,一方面要指导企业量力而行,避免消化不良;另一方面要注意防范品牌收购陷阱,牢固树立打造自主品牌理念,注重维护自身品牌的权益,防止自身品牌的淡化和消亡。要提高驰名商标企业对品牌突发事件危机处置水平,珍惜已有的成绩和荣誉,理智应对,及时修补。要高度重视依法解决驰名商标在国外、港台等地被恶意抢注事件,鼓励企业积极应对、大胆应诉。

(四)促进地理标志证明商标国际化

根据目前国际相关商标保护公约规定,地理标志证明商标与驰名商标一样,受到国际商标法律的特殊保护。浙江注册的证明商标大多是原产地特色突出的农特优产品或具有千年历史文化积淀的工艺品,是浙江经济文化的集中体现和宝贵财富。各级工商部门要努力挖潜,增加申报总量,力争把浙江更多的地方特色产品注册为地理标志证明商标。已经在国内注册的证明商标要加快商标国际注册,加速占领国际市场,积极参与国际竞争。

(五)加大品牌国际保护力度

遵循平等互利原则,对国外品牌走进来要一视同仁,严厉打击侵犯国际知名品牌企业的违法行为。对符合移送标准的要坚决移送,严禁以罚代刑。发挥"浙江省知名商标品牌保护联络网"作用,加强与国内外知名商标品牌企业的联系交流。要突出抓好专业市场商标的规范管理工作,坚决制止区域性商标假冒侵权情况的发生,切实维护涉外商标、国际知名品牌合法权益,为浙江品牌国际化战略创造一个良好市场环境。对国内品牌走出去遇到的问题和纠纷,各级工商部门要积极协调;对遭遇恶意抢注、商标国际纠纷的企业,要主动给予帮助,当好参谋。

(六)加快品牌国际化知识普及

各级工商部门要采取座谈研讨、实务培训、资料发放等多种形式,大力开展企业商标国际注册保护等基本知识培训。要围绕品牌国际化战略的方向和路径开展社会宣传。用足用好省、市、县政府出台的鼓励品牌发展、商标国际注册补助等奖励政策，并争取出台相应配套政策。工商部门将积极支持品牌国际化战略企业争创驰著名商标，继续对外向型企业申报省著名商标予以政策倾斜。

（七）开展品牌国际合作交流

充分利用与国外商标机构、中介组织搭建的合作交流平台，采取走出去与请进来相结合的方法，积极为企业解决品牌国际化进程中遇到的困难和问题。要根据品牌国际化战略建设中的新情况、新问题，开拓思路，适时组织商标国际组织、工商部门与品牌企业三方对接活动，面对面交流，增强指导的针对性和有效性。在学习国外商标制度的同时，积极宣传我国商标法律制度，建立互惠共赢机制。

（八）着力培育品牌国际化管理人才

鼓励企业培养和引进品牌经营管理方面的高级人才，引导企业经营者增强品牌意识，帮助开展企业国际品牌经营人才的培训工作，加快培养一支既熟悉外国市场运作规则、拥有国际品牌运作管理经验又熟悉本企业文化的管理团队。浙江省工商局有关负责人表示，全省各级工商部门都将按照品牌强省、品牌强基、品牌强镇的要求，以外向型出口企业为主体，紧紧围绕企业商标国际注册、商标国际保护和自主品牌国际化战略三个关键环节，综合运用培育指导、宣传引导、政策调动等手段，大力推进浙江企业的自主国际品牌建设，为加快全省经济发展方式转变、促进经济社会又好又快发展做出积极贡献。

第三节　我国品牌国际化战略步骤

从时间上来看，未来 10~15 年将是中国品牌实现真正国际化的关键阶段，一是因为经济的全球化和一体化已经成为不可阻挡的必然趋势，事实上本土企业在中国市场同样进行着国际化竞争。二是因为中国的大多数行业已进入卖方市场，企业产能严重过剩，迫切需要走出去寻找新的市场机会。因此，中国本土品牌国际化战略的问题已经纳入国内企业的研究课题。本书将对这一问题进行探讨。

一、国内品牌国际化战略的困境

毋庸讳言，中国本土品牌在国际竞争中存在的劣势也是相当明显的。中国品牌国际化战略的烦恼有四：一是品牌的弱势，与跨国公司在世界范围内有影响的强势品牌相比，中国几乎所有的品牌都是弱势品牌。在各个行业和领域都有强势国际品牌存在，有些品牌已经经营了几十年，甚至上百年，这些品牌在消费者心目中的地位十分稳固，新品牌进入的成本非常高，被消费者接受的难度非常大。二是实力弱、资金不充分，品牌建设需要的周期较长，投入也大，即使是中国最优秀的企业，相对于国际强势品牌，实力也是偏弱的。三是缺乏国际化的人才和经验，就目前现状而言，大部分中国企业缺乏一支熟悉外国市场运作规则、了解外国客户需求、拥有全球运营经验又熟悉本企业文化的管理团队，这是中国品牌走向国际化的最大瓶颈。四是认知导致的障碍，低价格、质量一般、缺乏科技含量是国际消费者对中国整体产品的普遍认知，这对中国企业在国际竞争中重新塑造品牌形象带来了不利的影响。虽然中国本土品牌在国际竞争中存在上述的劣势，但是中国品牌如果充分发挥自身的竞争优势，在国际竞争中占有一席之地机会还是有的。那么中国品牌如何能以小博大、以弱胜强，如何才能具备强大的国际竞争力？笔者认为，清晰的品牌国际化战略思维是国际化竞争制胜的关键，这也是品牌国际化战略的基础。

二、"从产品到品牌"的战略思维

在实践中，中国品牌参与国际竞争主要有以下四种方式：第一种方式是跨国公司模式。以"海尔"为典型代表，在海外直接建厂，实现了生产、人员、营销、研发、设计的当地化。采取这种方式的前提是公司资金、科研人才和科研实力雄厚，公司运作的国际化程度高，企业熟悉投资国的金融政策和企业运作规律，并且对投资国的民风民情做过大量的前期调研，否则，冒昧进入不熟悉的市场，往往会付出惨重的代价。第二种方式是海外并购模式。以"联想""TCL"为典型代表。比如，联想并购美国的 IBM 就是比较成功的海外并购。这种通过并购海外的成熟品牌，利用原有品牌的影响力、渠道、人才进入国际市场，是一种比较好的国际化战略选择。第三种方式是 OEM 加工出口模式。我们先来看一下何为 OEM。OEM 与现代工业社会有着密切的关系。一些著名的品牌商品制造商，常常因为自己的厂房不能达到大批量生产的要求，又或者需要某些特定的零件，因此向其他厂商求助。这些厂商就被称为 OEM，即 Original Equipment-Manufacturer，中文翻译为"原始设备生产商"。如将之引申到 IT 领域的话，则表示那些进行代工的生产商。例如 CPU 风扇，Intel 或 AMD 公司本身并不生产，它们通常会找像日本三洋公司这样的专业电机制造企业空进行风扇 OEM 生产。从以上的解释不难看出，外国企业选定产品与机型，委托中国企业生产，然后由它们自己出口销售。这是本土企业大量采用的一种模式，广泛存在于服装、家电、手机等行业，这种方式是很多国内企业实施国际化战略初期所选择的做法。这种国际化方式要求国内企业需要耐心、经验、理念转变和资金积累，往往是用于那些资金还不太雄厚，国际化经验略显欠缺，但有超凡的前瞻性视野和国际化野心的企业。第四种方式是代理销售模式。委托海外的渠道商开拓市场。在这四种方式中，前两种模式对公司的实力和能力要求非常高，风险也相对较高，只有极少数本土企业能够实施。而后两种模式对大多数中国企业而言是更为现实的国际化之路，这也是笔者所主张的"从产品到品牌"的中国品牌国际化战略之路。

一般而言，品牌国际化战略分析包括竞争环境的分析、目标市场的细分与定位、盈利模式与竞争策略的确定等内容，但对国际化竞争而言，明晰竞争制胜的关键和选择进入的市场和模式是最需要企业领导者思考的。"从产品到品牌"的战略思维是对中国品牌如何发挥竞争优势、如何选择和进入市场的一种概括性总结。从这个意义上说，韩国电子巨头"三星"企业国际化的模式对中国品牌并不具有普遍的意义，这是因为，"三星"的崛起，一个重要原因是行业正处于从模拟走向数字化的巨变，三星抓住了机会。在这一点上，我国台湾的一些企业的战略选择更具有借鉴意义，比如宏基，它所走的就是一条典型的"从产品到品牌"的国际化之路。宏基从代加工做起，逐步过渡到代加工与自有品牌并重，到最后成功塑造了自有品牌的国际形象。在宏基国际化的征途中，充分认识到自身国际化竞争的优势和基础集中于较高性价比的产品，于是一边保有代加工业务，一边借助代理商依据自身的产品来开拓国际市场，宏基所定义的利基市场是指大品牌没有或不屑占领的市场。难怪宏基前任总裁施振荣将宏基国际化的成功经验总结为三点：有优势的产品、站稳利基市场后再扩张、借助当地的资源。

宏基的经验值得中国企业细细品味。对于绝大多数中国品牌，具有较高性价比的产品是我们的竞争优势所在，因此产品质量是中国品牌参与国际竞争制胜的关键，这也是塑造品牌的一种有效方式。品牌的本质是顾客对企业产品的认知与体验，产品销售的本身就是同消费者的直接沟通，带给消费者的体验更加深刻和真实，对资源不充分的弱势品牌来说，以销量促品牌更为实际。以产品来塑造品牌和开拓国际市场，就不能与国际大品牌硬碰硬，细分与选择市场是必需的。当然，因为我们的资源不充分，就需要借助当地的资源来开拓市场，逐步摸索国际市场运作的规律和探寻消费者的需求和价值主张，而不是一开始就全面介入。当企业的内功练到了足够扎实、资金积累到相对充足的情况下，我们就应该审时度势，果断出手，不失时机地进行国际企业兼并，通过扩张壮大自己企业的规模，同时在此过程中下大力气宣传和培育自己的品牌形象，当企业拥有了响亮的国际化品牌，企业的国际化之路才算取得了阶段性胜利。当然，我们应该看到，实现第一阶段的国际化战略只是万里长征走完了第一步，真正的品牌战略之路还需要从人才、品牌创新、产品质量、人性化设计、成本控制、市场开发、科学管理等多方面进行维护和培育，只有这样，中国企业的国际化战略才能开花结果，在国外市场展现出中国企业的别样风采。

最后需要补充的是，品牌国际化战略是一个长期的过程，建立一个成功的国际品牌需要很长的时间，也需要投入大量的资源，比如宏基用了20多年、三星花了30年才拥有今天的地位，中国品牌走向国际必须做好打"持久战"的准备，切勿急功近利。

作为企业的管理核心之一，战略发展总监担负着企业战略研究、规划、制定的重任，要善于在大环境下找出适合企业发展的品牌国际化战略。清华大学企业战略发展总监领导力再造高级研修班旨在培养学员容世容人容事的襟怀、高瞻远瞩的视野、深刻的洞察分析力、正确的判断力，以及持续创新的创业家精神，通过企业发展战略、资本运作、管理心理学与经营创新、传统文化等专题课程的学习，打造谙伦理、有气度、有远见的新一代企业领导人。

面对品牌国际化战略竞争的现实，迎接挑战是必然的选择。但是，与跨国公司在世界范围内有影响的强势品牌相比，中国几乎所有的品牌战略都是弱势品牌。如何以小博大，以弱胜强，需要认真的战略筹划。我们必须了解品牌竞争战略的基本规律。

中国的品牌国际化战略要守住自己国内市场的同时，也需要积极主动地参与国际市场的竞争。面对 WTO 的挑战，中国的名牌企业需要有自己的品牌战略。走向国际市场，参与国际竞争，在竞争中提高，在竞争中发展，是中国品牌国际化战略发展的必由之路。目前，中国品牌战略已经开始起步。

面对品牌战略竞争国际化的现实，迎接挑战是必然的选择。但是，与跨国公司在世界范围内有影响的强势品牌国际化战略相比，我国必须了解品牌国际化战略竞争战略的基本规律，掌握品牌战略竞争方面的战略要点，才有可能取得竞争的胜利。本书所要论述的是实施品牌国际化战略的一些基本问题，或者说是所有实施品牌战略的企业都要注意的共性问题。至于不同的产业、不同的产品究竟应该采取什么样的更加具体、更加个性化的品牌战略，则是企业自己需要量身定做的战略设计与策划。

（一）品牌国际化战略超越地理文化边界的能力

企业实施品牌战略，首先要解决的是品牌国际化战略超越地理文化边界的能力问题。品牌国际化战略的背后是文化，一个品牌国际化战略的知名度、美誉度和忠诚度自然来自品牌国际化战略所代表的产品内在质量和性能，同时品牌国际化战略的文化内涵和魅力所带给消费者的超值享受，正是消费者愿意为品牌国际化战略付出的价值。

没有文化内涵的品牌缺乏吸引力和想象力，自然难以形成市场影响力，因此也难以走出国门。那么富有文化内涵的品牌国际化战略就一定能够走出国门吗？这正是我们要讨论的品牌超越地理文化边界的能力问题。美国通用汽车公司是世界上最大的制造公司，并有着众多世界著名的汽车品牌国际化战略，NOVA 就是其中一个，然而就是 NOVA 这个品牌国际化战略的汽车在拉美国家的销售居然遇到很大的阻力。问题就出在 NOVA 在西班牙语中是不走的意思。谁愿意出钱购买一辆"不走"的汽车呢？后来这款汽车的品牌国际化战略改为拉美人比较喜欢的"加勒比"牌，结果很快就打开了市场。中国的品牌国际化战略虽然富有文化内涵，但是，这种文化是汉语言文化，并且是以"方块字"为载体的文化，这在超越地理文化边界方面的难度无疑要比其他相接近的文化大得多。

中国的品牌国际化战略有汉字、拼音文字和图形三种商标形式，一般情况下是这三种形式的单独使用或相互组合使用。从国际化的竞争战略考虑，汉字不利于跨越地理文化边界，图形和拼音相对容易。譬如"Haier"，就是一个比较接近西语发音的商标，再辅以两个天真可爱的小男孩形象，就更容易辨识和易于接受，而"海尔"文字商标就不太容易辨识。因此，海尔集团的国际化战略主要使用"Haier"和图形相结合的商标，从而达到了非常好的效果。"红豆生南国，春来发几枝？愿君多采撷，此物最相思。"唐朝诗人王维的千古名句脍炙人口、妇孺皆知，所以"红豆"品牌国际化战略在汉文化中始终是友情、亲情、爱情的象征。"红豆"品牌战略的国际化首先主要是在海外华人的范围内展开，进一步的扩展是对汉语文化能够兼容的国家或地区，如红豆集团在日本建立了子公司而且发展得很快，就是日本人能够理解和接受红豆的品牌国际化战略文化。而在欧美国家，红豆就必须以拼音商标，并辅以广告解释，证明这是"爱的种子"（The Seed of Love），才能被逐步理解和接受。

培育品牌超越地理文化边界的能力，首先要在品牌国际化战略设计上做到简洁醒目，能被异域文化所接受。外国品牌如 Coca-Cola、Sony、Kodak 等都是非常简洁明亮的品牌战略，中国的 Haier 品牌国际化战略也有类似的功效。TCL 的品牌国际化战略也是比较能够体现国际惯例的，它简洁醒目，便于识记，加上重新演绎的"今日中国雄狮"（Today China Lion）的品牌概念，更容易产生加深印象的效果，从而使品牌国际化战略获得了较强的跨越文化边界的能力。海信的字母设计"HISENS"也是卓有成效的，这个品牌很容易让人联想起"高科技"，这就为品牌国际化战略在异域文化中的渗透奠定了基础。而像双星品牌的 Double Star，在明星文化遍布世界的今天，也是比较容易被认同和接受的。

在品牌国际化战略设计方面一旦存在根本缺陷，往往就很难培育超越地理文化边界的能力，甚至会成为某种障碍。据一位从美国回来的朋友讲，中国的"三枪"牌内衣，曾经因为它的英文品牌国际化战略"Three Gims"而在美国遭遇过禁止入关的尴尬。"芳芳"唇膏在英语国家是死活也卖不动的，就因为这个品牌国际化战略的拼音 Fang fang 在英语中是"狗牙、毒牙"的意思。有些品牌国际化战略，虽然在国内是名牌，但是由于在原初的设计上存在问题，也比较难以提高超越地理文化边界的能力。

所以，在品牌国际化战略的设计方面，最需要注意的就是：简洁醒目，朗朗上口，便于识记，易于传诵，有吸引力和亲和力。

形象策划——成功品牌国际化战略的胚胎。在超越地理文化边界能力的培育方面，品牌国际化战略设计只是基础性工作，更重要的是品牌国际化战略策划艺术。一个品牌国际化战略，设计是有限的，策划是无限的。针对不同的社会背景和地域文化，可以通过品牌国际化战略策划重新赋予品牌国际化战略新的文化内涵。这种新的品牌国际化战略文化内涵如果自然地融入当地的文化背景中而不被排斥，就能够获得自身品牌国际化战略文化的渗透力，从而就可以使品牌国际化战略所代表的产品被充分认识和接受。

品牌战略的战略策划是在充分认知当地文化的基础上所进行的品牌国际化战略价值理念策划、品牌国际化战略形象策划和品牌国际化战略广告策划。首先是品牌国际化战略价值理念的策划。公司的品牌战略究竟要向当地消费者灌输一种什么样的价值理念？这种价值理念策划就是要建立对品牌战略的关键性意识形态，揭示品牌国际化战略的精髓并保证其产品体现。品牌国际化战略对消费者究竟意味着什么？品牌战略的特征和所倡导的精神是什么？健康？绿色？环保？力量？自由？个性？时尚？创新？物有所值？等等。其次，要赋予具体的品牌战略形象，由具体的形象识别来表达产品的个性和所蕴含的价值理念。品牌国际化战略形象策划就是要建立品牌国际化战略的形象识别系统（CIS），无论是色彩、线条、图形，还是形象代言人，都要突出品牌国际化战略的个性化特征。这同国内的策划并无二致，所不同的仅仅是文化的差异。但是，明星效应，在这个领域永远是屡试不爽的，无论是影视歌星还是体育明星。

（二）品牌国际化战略营销的网络建设问题

品牌战略的第二步是国际营销的网络建设问题。具备了超越地理文化边界的能力并不等于就能够占领市场。近年来力图发展国际市场的企业开始有了品牌国际化战略意识，痛感没有品牌国际化战略只能"为他人作嫁衣裳"的困窘，力争创造自己的国际品牌国际化战略。但是，这既需要投入，也需要过程。海尔为进入世界最大的零售公司沃尔玛连锁超市，耗时整整两年，最后才终于被接受。国际市场的消费者认可一个来自发展中国家的品牌国际化战略，是需要在反复消费的过程中才能够完成的。网络建设问题不可能一蹴而就。

品牌国际化战略的网络建设没有捷径，但是，策划得好可以少走弯路，笔者认为网络建设能够采取的策略措施全在一个"借"字。

一是"借梯上楼"。把自己的品牌产品通过国外有影响力的经销商全权代理，进入经销商的渠道，就可以借经销商的营销网络进入市场，逐渐获得市场的消费认知和认可，品牌国际化战略的影响力和知名度会逐渐上升。青岛啤酒在美国等国家的市场就是这样扩大知名度、渗透市场并获得影响力的。目前，绝大多数国内品牌国际化战略进入国际市场走的多是这种"独家代理"的路子，寻找有市场影响力、网络比较健全的代理商进行独家代理。

二是"借鸡生蛋"。这是通过合资合作的方法，与国外有相当知名度和品牌国际化战略影响力的跨国公司进行合作，在让出部分国内市场的同时，借跨国公司在国际市场的网络销售自己的品牌产品。天津"王朝"葡萄酒品牌国际化战略是一家中法合资的葡萄酒公司，合作的对方是世界知名的法国人头马公司，中方控股 62%，王朝品牌国际化战略属中方所有。合作伊始，双方商定，王朝葡萄酒的 10% 外销，由人头马公司负责。由于人头马品牌国际化战略的国际影响力和该公司健全的营销网络，王朝品牌国际化战略的葡萄酒很快就在法国和欧洲其他国家打开了市场，外方不断要求增加外销比例，从而使王朝品牌国际化战略在欧洲市场成为中国葡萄酒的代言品牌国际化战略。"借鸡生蛋"的策略必须是借名鸡才能生名蛋。

　　三是"借壳上市"。合资之道在于合并市场份额。虽然在资金、技术等方面都有合资的诉求,但是,跨国公司在中国的合资并购,一个很重要的目的就是占领这个不断扩张的市场。世界名牌公司在中国寻求合作伙伴,首选的是国内市场上第一或第二品牌国际化战略的公司。它们通过合资控股,最看重的就是中国公司在国内的市场份额。合资控股之后就等于拿到了一个市场份额可观的网络。德国的美洁时在日用化工产业领域比起它的同胞兄弟汉高公司在实力和品牌国际化战略竞争力方面都有较大的差距,但是,该公司凭借技术优势在中国找到了"活力28"这个很有影响力的品牌国际化战略,合资以后以"活力美洁时"的品牌很快就打开了中国市场,居然能在宝洁、汉高、联合利华和花王等众多世界名牌纷争的中国市场上"幸分一杯羹",不能不说是借壳上市的妙手之道。中国人比较善于"师夷长技以制夷"。有了一定资本实力的名牌企业,要建立自己的国际市场销售网络,也完全可以考虑在国外寻找有一定市场份额和销售网络的合作伙伴,采取并购的方式借壳上市,直接赢得一个销售网络。

　　国际市场营销流行着一句话:宁愿要第一流的经销商、第二流的市场,也不要第一流的市场、第二流的经销商。品牌国际化战略国际营销是重大战略问题,需要较大的投入,需要懂国际市场营销理论又有实战经验的人才。无论是产品出口,还是对外直接投资,都要对当地的市场状况、政治环境、经济增长态势和文化特征等进行充分的调查研究,寻找一流的合作伙伴。瑞典的 VOLVO 品牌国际化战略是国际汽车市场上与奔驰齐名的品牌国际化战略,但是在打开中国市场方面,经过了 15 年的努力,先后由英国代理商、香港代理商,最后找到了中国的"内资"代理商,才真正建立了品牌国际化战略营销网络,打开了中国的市场,并逐渐被消费者所接受。

第六章　我国休闲体育的体育产业与体育文化管理探索

第一节　休闲体育和文化的理论概述

休闲体育是一种用于娱乐、休闲的体育活动。休闲体育是群众性体育活动的重要组成部分，它们与竞技体育之间具有一定的区别。需要注意的是，竞技体育的各种运动项目如果应用于休闲，则其也可以称为休闲体育。当某一种体育运动用于竞技比赛时，可被认为是一项竞技体育运动；当某项运动以休闲为目的而开展时，则是一种休闲体育活动。

一、休闲体育的内涵与特点

（一）休闲体育的内涵

1.休闲体育是以个人为主体的活动

休闲体育是人们在余暇时间自主选择的各种体育活动形式。休闲体育活动与竞技体育活动具有鲜明的差别。人们从事相应的休闲体育活动完全出于自身的兴趣爱好，并且在选择相应的活动方式、运动负荷时，也会根据自身的需求来开展。人们在参与休闲体育活动时，注重的是娱乐性、参与性和健身性等方面，这些是被放在首位的要素，至于休闲体育活动的其他方面的功能和价值，都被放在次要位置。

2.休闲体育是为了满足个人身心发展的需要

休闲体育不同于其他形式的体育运动，人们参与休闲体育是为了达到健身、娱乐、欣赏、交往等方面的目的，是为了促进身心的全面发展。休闲体育的重要功能是健身,而娱乐和休闲则是其核心。人们在开展休闲体育时,所追求的是运动本身所带来的快乐,强调身体、精神、心理等方面的统一发展。休闲体育强调游戏性和活动性,综合了多方面的功能,注重对身心的养护、调节。

3. 休闲体育具有鲜明的趣味性和新颖性

休闲体育与一般性的健身活动具有一定的不同之处,其主要表现在休闲体育活动充满了趣味性和新颖性。人们在开展相应的休闲体育健身活动时,能够获得身心的愉悦和满足,这也吸引着人们长期参与其中。从一定意义上来说,休闲体育是人们开展的一种游戏性的体育活动。

4. 体育具有科学性和艺术性双重属性

休闲体育是具有科学性和艺术性的社会文化活动。现代意义上的各种形式的休闲体育项目是建立在一定的科学基础之上的,这就使休闲体育活动具有了一定的科学性特点。休闲体育运动项目中,很多运动项目具有高雅的格调,丰富了人们的文化生活,具有艺术性特点。

5. 休闲体育追求生活的艺术化

休闲体育并不单纯是一种消遣和娱乐行为,而是一种具有功能的体育文化活动。人们在开展休闲体育运动时,会促进自身身心的发展,对于生活质量的提高具有重要的意义,更是对生活的拓展和延伸,使得生活乐趣增加,是对生活的艺术化。因此,休闲体育的发展水平在一定程度上反映了一个国家的经济发展水平。

(二)休闲体育的特点

1. 时代性

休闲体育具有时代性特点,这主要表现在不同的历史发展时期,休闲体育活动受到社会背景文化的影响,从而具有相应的时代特点。这也就意味着,在不同的历史发展时期,休闲体育的内容、形式等都有一定的不同。在不同的时代,相应形式的体育活动总是会成为人们乐于接受的休闲形式。休闲体育活动是时代文化的反映,与经济社会、科学技术的发展水平具有密切的关系。经济社会处在不断的发展过程中,人们的兴趣爱好也在不断变化,休闲体育也因此而表现出不同的特点。

2. 时尚性

在现代社会，参与休闲体育已经成为一种时尚行为。相关学者认为，时尚具有两方面特征：其一，人们参与时尚活动用来表明自身与某一阶层的平等性；其二，人们参与时尚来表明自己与某一阶层的差异性。这是时尚所具有的双重属性，休闲体育运动项目也具有时尚的这两种属性。人们在参与相应的休闲体育运动时，体现了时尚的特点。人们在参与休闲体育时，一方面是为了彰显自身属于某一阶层、某一群体，另一方面则借此表明自身与另一阶层、另一群体的不同之处。此外，很多休闲体育项目费用较为高昂，被称为"贵族运动"，如攀岩、登山、高尔夫等。某一人群参与这些运动时，会与同阶层的人接触，这成为强化自身的富裕阶层的标签。另外，在参与休闲体育运动时，休闲体育运动项目有一定的规则，从而形成了相应的文化性的压力，但是很多人在参与休闲体育活动时，不愿遵守这些规则与规范，力图摆脱这些束缚。

3. 流行性

流行是时尚的结果。在现代社会，人们的物质和精神文化生活得到了丰富，休闲体育得到了较快的发展。在这一过程中，一些新的休闲体育活动不断被创造出来，并快速在全世界范围内传播，这是休闲体育运动的流行性特点。

休闲体育项目的流行性在于，其能够快速在世界范围内传播，但是其以后也会逐渐不再流行，这也是流行事物的基本特点。休闲体育活动具有时尚性特点，人们追求新奇事物，从而使得相应的休闲体育活动能够快速流行起来，成为人们热衷的休闲体育项目。但是经过一段时间之后，这一类型的休闲体育项目的吸引力可能会下降，从而会逐渐被另一种新兴的休闲体育项目代替，虽不至于消失，但是其影响力会逐渐减弱。现代社会，交通便利，传播媒介丰富多样，这使得人与人之间的沟通变得更加便利。在全球化发展过程中，在一个国家和地区流行的休闲体育活动，可能会很快传播至世界各地，从而掀起一股流行热。

休闲体育的流行性是由人们的余暇时间和兴趣特点所决定的。当人们具有了充足的余暇时间时，能够选择和从事自身喜好的活动。人们具有追求新异的特点，这就使一些休闲体育运动项目逐渐流行然后逐渐褪色。人们的思想观念是不断发展变化的，可能在一个时期不再流行的休闲体育运动项目，随着人们思想观念的改变，而在另一个时期逐渐成为流行运动项目。

4. 参与性

休闲体育运动具有参与性特点，这是其作为体育运动项目最为基本的特点。我们都知道，体育运动需要人们去实践、参与，这样才能够发挥其应有的作用。而休闲体育运动项目的参与性更强。只有参与其中，人们才能够获得相应的体验，体会相应的感受，从而达到休闲、娱乐的目的。如果不能参与其中，人们也就不能体会到休闲体育的乐趣。

在进行休闲体育研究时，很多人都将观看体育比赛归为休闲体育的范畴。严格意义上来讲，观看体育比赛只能算是一种文化休闲活动。休闲体育运动重在参与和体验，需要运动者亲身实践。而休闲体育的多方面功能和价值的实现，都是人们在参与活动的过程中所获得的。如果只是停留在观赏的层面，并不能充分了解休闲体育的乐趣所在。

5. 自发性

休闲体育具有自发性特点。人们在参与相应的休闲体育运动时，都是自觉参与其中的。人们在参与休闲体育活动时，完全出于个体或群体的需要，在余暇时间里开展的活动，其并不是强制参与的，人们根据自身的兴趣爱好来决定参与相应的休闲体育活动，不存在非自愿参与的现象。人们在参与各种形式的休闲体育活动时，能够获得心理的满足，能够更好地培养其运动的兴趣，从而在生活中形成良好的锻炼习惯。

在自发参与过程中，人们也能够更好地发挥自身的积极性，在运动中能够获得更好的体验。在开展休闲体育运动时，人们充分享受运动的过程，并且会不断进行思考和创新，不断进行新的尝试，而不会满足于简单的重复，从而在自主创造的空间中获得更好的体验，也实现了休闲体育的发展。

6. 层次性

休闲体育具有层次性特点。层次性表现在多个方面，如参与人群的年龄层次、消费层次及难易层次等。

（1）活动人群的年龄层次

人们的革新特点具有鲜明的差异性，不同的人其兴趣爱好是不同的，这一兴趣偏好具有一定的年龄特点。具体而言，少年儿童对事物充满好奇，其大多倾向于那些新奇的个人活动项目，如轮滑、小轮车等形式的休闲体育运动；青年人较为活跃，喜欢那些具有一定的挑战性和对抗性的休闲体育运动，如登山、蹦极等；中年人则较为成熟，喜欢那些具有品位和档次的休闲体育运动，如高尔夫球；老年人由于身体素质下降，喜欢那些较为舒缓的休闲体育运动，如钓鱼、广场舞等。一般来讲，年龄因素是进行休闲体育分层的主要因素。

（2）活动方式的消费层次

休闲体育层次性还表现在其参与相应的休闲体育的消费层次。人们参与休闲体育活动时，具有一定的社会阶层特性的人，可能会选择一些消费较高的休闲体育活动，如高尔夫球、马术运动等。而普通人群，会选择那些消费相对较低的普通休闲体育运动。需要注意的是，休闲体育运动处在不断的发展中，一些消费较高的休闲体育运动，会随着人们生活水平的不断提高而慢慢变得大众化。

（3）活动内容的难易层次

休闲体育活动有难易之分，有些运动十分简单，并不需要进行专业的学习和培训。但是，有一些运动则较难，甚至充满危险性，这就需要参与者经过系统的训练。人们会根据自身的需要来选择相应难度的运动。很多休闲体育运动的难易程度是可以调整的，人们根据自身实际来调整难度。

7. 自然性

休闲体育具有自然性特点。人们总是与外界进行着多种形式的交流，在这一过程中人实现了自身的发展。人类在发展过程中，不断实现自身的社会化发展，同时也保留了相应的自然本能，但是很多本能需求都逐渐被各种形式的行为规范、道德准则、法律法规约束。人们开展各项社会活动也受到社会规范的约束。而休闲体育活动在一定程度上实现了人类自然性的释放，在这一过程中，人通过身体活动实现了自身与外界环境的交互，其自然性与社会性得到了协调。

8. 潜在的政治功利性

体育最为重要的功能之一就是促进人体健康的发展。但是，在不同的时代，体育会被赋予一定的阶级性和政治性。因此，在不同的发展时期，体育运动具有一定的功利性特点。休闲体育运动也是一种体育运动形式，具有一定的政治功利性特点。我国古代的一些休闲体育游戏活动，其政治功利性更加明显。例如，古代的围猎活动，帝王开展这些活动意在注重军事的发展。

随着时代的发展，在新的历史条件下，休闲体育活动也呈现出潜在的功利性。例如，我国政府积极推动休闲体育活动的发展，其政治功利性表现在通过这种方式来实现人们生活水平的提高，促进国家现代化的发展。随着经济社会的发展，体育运动的政治功利性正在逐渐减弱，但是并没有消失。

9. 二元统一性

人们在参与体育运动时，不仅身体得到锻炼，心理方面也会得到相应的提升。人们在参与休闲体育运动时，同样会实现身心的全面发展，这即为休闲体育的二元统一性。

具体而言，休闲体育运动会使人体的各器官系统的生理机能得到提高，这是各种体育运动的共同特点。在促进人体的生理健康发展的同时，休闲体育运动还能够促进人们心理、情绪等方面的良好特质的培养。轻松愉悦的休闲体育活动能够促进压力的释放，促进心理健康的发展；充满刺激的极限运动则能够促进心灵的释放，解放自我，实现自我发展。

10. 游戏性与规范性的统一

休闲体育注重休闲性和娱乐性，其对各种形式的规则有一定的弱化，具有游戏的性质。很多休闲体育运动项目对技术动作的要求并不高，而更加注重人们的参与性。在开展相应的休闲体育运动时，人们可以根据实际需要来制定相应的规则，充分体现了其游戏性特点。一些竞技运动也经常被作为休闲体育运动，人们在开展该项运动时，经常会弱化规则，甚至会对规则进行改进。

需要注意的是，休闲体育运动具有游戏性特点的同时也具有规范性，其游戏性与规范性是统一的。在开展相应的运动时，虽然游戏性较强，没有过多的规则约束，却应遵守相应的行为规范，这样才能够保证休闲体育活动的正常开展。如果不能遵守相应的规范和基本规则，则整个体育活动就会陷入混乱。

二、休闲体育文化的内涵与价值

（一）休闲体育文化的内涵

休闲体育文化蕴含了休闲体育活动过程中以场地器材为代表的物质实体、以人们的认识和取向为主的价值观念、能够展现社会发展程度的制度规范体系、兼具自然与社会双重属性的行为方式四个层次。物质实体，作为休闲体育文化产生的基石，是一切意识形态的源泉，亦是休闲体育文化最终成果的反映途径之一。社会整体的价值观念影响着休闲体育文化的走向，并决定了制度规范体系的性质。人们的价值观念在很大程度上影响着与休闲体育文化有关的制度体系构建。与休闲体育文化发展过程中实际需求相符的制度规范在促进文化繁荣方面卓有成效，对于行为方式的选择与实施，集中展现着当代人们对休闲体育的认知与感受，是构建休闲体育文化的最直接手段，向物质实体传达着源自意识形态最直接的反馈。其明显的系统性将存在差异的不同层次内容有机地融合在一起，并借助于整体效果的优化使休闲体育文化对社会发展的促进效用不断深化。

（二）休闲体育文化的价值

1.激发人们良好休闲意识的觉醒

人的自身活动是休闲体育仰赖的基础，人体通过完成基本活动动作展现休闲体育的意蕴，使本体获得由肌肉至心情的解脱及愉悦。休闲体育囊括了众多运动项目及各类延伸运动方式，使其能够在尽可能大的范围内满足不同社会人群对"玩"的需求。"游戏"是人们在面对"玩"时最为普遍的选择。在自然环境中的动物世界里，动物个体在彼此都熟悉的生存环境中，会因天性而进行玩乐、戏耍，这是出自本能的一种自然现象。随着人类的智力和行为能力逐渐高于动物，在人类社会中原有的游戏逐渐被创造成一种相对成熟的活动。这种活动不仅保留着动物本能的特质，还包含着人类为自身生存和发展所进行的创新。尤其是在客观条件相对落后的原始社会和奴隶社会，游戏是提升人们自身生存技能和智力的途径。游戏是休闲体育最初的体现，也是最本质的体现。尽管有些游戏演变至今呈现出不同类型，但都能从不同程度满足人们的玩乐需求，使人们享受其中。在许多休闲体育过程中，行为层面上展现的参与者从活动中获得的身心自由感与精神满足感是不完整的。例如部分极限运动，旁观者只能看到参与者，忍受生理或心理极限时展现的部分痛苦与挣扎，但在这种外表下，却蕴含着参与者本人才能体会到的畅爽与超越。

休闲体育文化在衍生之初，体现的是社会成员的旧有意识，带有当时社会的特色。在时代发展的推动下，社会成员思维嬗变现象明显，休闲体育文化在这个过程中与其他文化共同起到了构建社会新意识取向的功用，使社会成员适应社会变迁中正常实践活动的需要。例如不同社会文化背景的人来到异域，休闲体育文化的感召是减少其个人原有心理习惯、思维模式、行为方式等与整个社会产生矛盾冲突或不和谐之处的有效途径。尤其是处于社会生活风尚中的休闲体育文化因素，在潜移默化中对本社会成员的思维意识和观念进行改造、教化和约束，使他们的行为趋向社会的一致和谐。一旦社会的某种行为规范或意识形态得到绝大部分社会成员的接受与认同，社会成员就会在不知不觉中做出与这一规范或意识要求相一致的选择。倘若出现违反的情况，会产生内疚、不安或自责的情绪，并对自身行为进行修正。从这个角度来说，休闲体育文化具有一定的改造性与强制性。

以能够影响社会意识演变为基础，休闲体育文化在社会发展中所散发的正能量是社会意识良性发展的重要保证。休闲体育文化作为社会共同的取向，并不对社会成员有具体的、相对清晰、条令性的要求，而只是一种软性的理智思维约束。它通过社会的共同意识不断地对社会成员意识进行渗透和内化，使得社会自动生成一套自我调控机制，以"看不见的手"操纵着社会的管理行为和实务活动。管理以尊重个人情感及思想为基础，是无形和非正式的控制，会使社会发展前景与目标自动转化为社会成员个体的自觉行为，达到个人发展与社会发展在较高层次上的一致。休闲体育文化具有的这种软性约束和自我协调的控制机制，往往在促进社会意识良性演变的过程中，具有比硬性规定更强、更持久的控制力。

2. 促进人类科学休闲价值观的形成

社会总会将其成员认为最有价值的对象，作为社会发展的最高目标、最高信念和最高理想。一旦这种对象成为本社会内成员行为的共同价值观，就会构成社会内部强烈的整合力与凝聚力，成为统领社会成员日常行为并被共同遵守的行动指南。休闲体育文化是以文化形式出现的社会管理方式。也就是说，它以柔性而非刚性的文化层面作为引导，构建起社会内部合作、奋进、友爱的文化心态环境，协调人际关系，打造和谐的社会氛围，并且还能自动地调节社会成员心态，通过对此文化氛围的心理认同感，逐步内化为社会成员的主题文化，以此获得社会科学休闲价值取向的一致认同。

值得一提的是，作为人类生命自觉行为的休闲体育，经历了从生理体能的要求，到生存消费的需求，再到文化精神的诉求的复杂过程，即从物质需求满足后向精神需要的飞越。它实际上是以人的价值意识主导人的自身生命活动及调节自身社会关系的过程体现。加之休闲体育文化自身所具备的体育性和人文性，使其在引导社会价值取向时，总能将相对积极的、符合历史发展的取向传送至人们面前。因此，休闲体育文化以其柔性的文化特征，在引导正确社会价值取向方面具有重要意义。

3.确保优良社会休闲文化的传承与延续

事物总处于运动和发展的过程中，休闲文化也不例外。休闲体育文化的自我深化与更新是一个良性循环的过程，同时也能够推动社会休闲文化本身的上升发展；反之，社会休闲文化的进步是触发休闲体育文化自我丰富和升华的一大关键。相互促进的关联，使得休闲体育文化成为保证社会休闲文化完善的重要因素。现代社会中，众多体育项目纷纷被作为休闲的途径，其中既包含不同国度的特色项目，也囊括了传统和现代不同时期的项目。体育项目在现代社会中的国际性发展决定了其具有兼收并用的特点。体育活动作为能够满足人们生理、心理双重需要的、文明而健康的休闲方式组成要素，无论其源于何处，有着怎样的文化背景，都很容易为广大社会成员所接受。各类文化以此交融，消除隔阂，减缓摩擦，更为合理而有序地构成了社会文化及人类文明的整体。

休闲体育文化的形成是一个复杂的过程，往往会受到来自自然、社会、人文等诸多因素的干预和影响。因此休闲体育文化的形成与塑造不是一朝一夕就能实现的，必须经过耐心培育和长期倡导，以及不断在实践中总结、提炼、修改、充实、提高、升华，进而逐步形成相对固定的、为社会成员所接受的、优秀的休闲体育文化。休闲体育文化一旦形成，就会具有自己的历史延续性，且持久不断地发挥其应有的作用，而不会因社会领袖的更换而立即呈现质的变革或消失。因此，休闲体育文化是确保社会休闲文化持久完善的一大动力。

4.推动人类休闲文明的和谐化进程

人类文明的和谐，包括人与人、人与社会、人与自然等多方面关系的全方位融洽。和谐，意味着系统内众因素的均衡、和美、协调。休闲鼓励人们去寻找能够挖掘自身潜力和实现个人愿望的业余爱好，从而避免线性生活方式所带来的生理和智力的衰退。以身体活动为主要方式的休闲行为，不仅可以对人的智力和文化予以补充，还可以促进人的全面发展，使人成为真正意义上的人。就休闲体育文化在社会发展进程中展现的和谐意义而言，它是人类文明中心的生活方式，人在此生活方式下对物质摄取更为理智与通达，社会责任感变得强烈，以创造性的行为表达自身的追求和理念，最终实现人、社会、自然的和谐状态。因此，休闲体育文化是促进人类休闲文明和谐化发展的重要动力，能够引导社会成员合理安排自由闲暇时间，摒弃落后、愚昧、腐朽的不良休闲习惯与方式，自觉抵制精神污染，形成合理且科学的生活习惯。

现代休闲体育较以往更为重视积极人生态度在活动中的展现与传播，快乐至上的理念贯穿现代休闲体育的整个过程。现代休闲体育对于规则和参与者技术要求的适度弱化，在增强活动娱乐性的同时，极大地提升了参与者的主体愉悦感受。快乐畅爽的身体运动中，原有规则和技术的文化压力被有效缓解。快乐至上的休闲体育理念是对现代社会生活压力的有效释放，进而在打造现代人的人生态度中产生积极影响。人类文明的发展在将人类文化性演绎到极致的同时，导致人们身体机能的自然性退化，现代文明病就是在这种退化中出现的、具有时代特点的一类慢性疾病。现代文明病，泛指不以细菌或病毒的感染为起因，受生活压力、紧张情绪等精神因素影响，加之营养失调、缺乏有效运动等不良习惯，长期积累形成的代谢疾病。现代社会中，文明病的影响不仅表现在耗散人们的机体健康，更为严重的是其在精神层面的毁灭性影响。不可否认的是，现代文明病已经成为人类健康和全面发展的巨大威胁。在现代文明病面前，以休闲体育为具体表象的身体运动，以其特殊的行为模式，成为人类阻止机体自然性退化的重要途径。有效的休闲体育运动不仅能够给人们带来身体生理机能指标的提升，更可缓解人们长期压抑的精神，释放来自现代生活的巨大压力，使人们获得畅快欢欣之感。

三、休闲体育产业的经营管理

（一）休闲体育管理的原则

1. 人本性原则

人本性原则指在休闲体育管理中，必须树立以人为本、为民服务的思想，将参与者和消费者的利益放在首位，做到亲民、便民、利民。这主要是由休闲体育管理对象的主体性特点所决定的。

以人为本不仅仅是一个理念，更重要的是必须将它落到实处，这在休闲体育管理的每个环节都体现出来了。在计划的制订时，更多地以指导性计划为主，而不是指令性和强制性的。提供休闲体育服务的机构或场所无处不在，以保证各类人群参与休闲体育活动的方便。活动场地的设计体现人文关怀，为参与者提供宽松的休息及娱乐环境。由于休闲体育的参与对象是主动自愿的，参与者有权对自己的活动进行选择，这就要求休闲体育管理者不仅要尊重参与者的个人爱好和选择，不以自己的意志强加于人，还在具体的组织实践中，要提供多种多样、形式各异的活动内容和形式，让人们根据自己的爱好和需要去自主选择。

2. 激励性原则

激励性原则指在休闲体育管理中，运用激励手段，通过激发参与者的内在动机，最大限度地调动参与者的积极性。这是由休闲体育管理对象的主体性特点和管理手段方法的非强制性特点所决定的。

人们是否愿意在自己的业余时间中让体育占一席之地，是否愿意通过运动来度过休闲时光，在很大程度上取决于他们的体育观、健康观，取决于他们将体育活动与其他文化活动，如打麻将、看电视、聊天、阅读书刊等进行比较时的价值判断。在休闲体育管理的诸多环节中，如何启发人们内在的体育动机，使"让我参与"变为"我要参与"，通过激励性机制把休闲体育内化为人的行为，成为一个至关重要的问题，因为只有在这种情形下，才有真正意义上的休闲体育。

有关激励的理论是当代管理学中的热点，已有一些比较成熟的理论模型，如需要层次理论、双因素理论、期望理论、目标理论、强化理论、公平理论等。有关激励的方式方法也有很多，如奖惩激励、榜样激励、竞赛激励、反馈激励、感情激励、赏识激励等，都可以应用于具体的休闲体育管理实践中。

3. 社会性原则

社会性原则指在休闲体育管理中，要充分调动社会办体育的力量，在政府宏观管理和提供基本体育服务的基础上，以社会体育组织为主体，广泛依托社会积极开展工作。这是由休闲体育管理组织形式的多元性特点和管理系统边界的模糊性特点所决定的。

构建群众性体育服务体系，要坚持政府支持与社会兴办相结合。政府重点支持公益性体育设施建设，群众性体育组织和体育活动以社会兴办为主，鼓励、支持企事业单位和个人兴办面向大众的体育服务经营实体。经过40多年的市场经济改革和多次的政府管理体制改革，我国的社会力量有了显著提高。但我国的社会体育组织，特别是非营利的体育组织，力量还比较薄弱，生存环境还比较差，所掌握的资源有限，不足以使它们更好地为休闲体育服务。因此在贯彻社会性原则时，要关心和扶持社会体育组织，使它们迅速发展壮大起来，通过政策法规的效力和经济杠杆的运用，去充分调动各种社会力量壮大休闲体育。

4. 经营性原则

经营性原则指在休闲体育管理中，把有市场需求的休闲体育作为一种产业，用市场机制去经营管理，以优质的产品满足顾客的需求，追求经济效益最优。这是由休闲体育管理对象的主体性所决定的。

从经济学的角度来看，在休闲体育产业中，各类市场主体通过提供各类产品满足人们多样化、个性化的休闲娱乐健身消费需求。根据休闲体育管理对象的主体性特点，人们的选择是主动自愿的，具有竞争性和排他性，这部分有市场需求的休闲体育体现出私人产品的性质。经济学原理认为，对私人产品的供给和交易，最有效的方式就是市场机制。休闲体育管理不同于学校体育管理、竞技运动管理，甚至不同于群众体育和社会体育管理，后者所提供的产品主要是公共产品和准公共产品，而市场提供的休闲体育是私人产品，这就决定了这部分的休闲体育管理是按照市场机制去进行经营活动的。必须强调的是，休闲体育的组织形式是多元化的，有一部分休闲体育是私人产品，应该采用经营性手段，而另一部分休闲体育是政府和非营利组织所提供的公共产品和准公共产品，它们是公益性的和非营利性的，如体育彩票公益金建设的全民健身工程。

（二）休闲体育产业的计划方法与决策

计划工作在整个休闲体育管理系统中，就成为一个重要的子系统，应当引起重视。决策是管理工作的基本环节之一，它贯穿于管理的全过程。

1.制订休闲体育计划的步骤

（1）确定目标

正确决策确定目标是制订计划的前提。休闲体育计划目标是多目标的集合体，应把目标划分为不同的等级，并使众多目标形成一个有机的网络。

（2）分析环境

在计划目标确定之后，在各种可供选择的行动方案提出之前，必须对客观环境条件进行认真的分析。只有了解计划执行期的预期环境，即计划实施的假设条件，才能使计划目标符合实情，也才能充分利用一切可能的有利条件，发挥地方优势，并把各种不利的限制条件转化为无害条件和有利条件。

（3）提出方案

计划的第三步是探索和准备可供选择的行动方案。一个计划制订前，必须有几个合适的方案拿出来选择，而不能只准备一个方案。

（4）确定方案

当几个可行的备选方案提出来以后，接着就要仔细分析各个方案的优劣长短。根据已确立的计划目标和可能提供的环境条件，来权衡各种计划因素和评价比较备选方案，最后从中选择公认的最优方案，或从中综合补充修订出最优方案。

（5）编报计划

休闲体育计划的编报，首先是由上一级管理部门在调查研究、听取各方意见和初步平衡的基础上，制定和下达控制数字。控制数字包括文字指示和控制指标两部分。各地区、各部门根据具体情况组织编制计划草案，然后逐级上报上级决策机关。由最高决策机关最后进行汇总和综合平衡，制订出指导全局的计划草案，请有关部门审定、批准。最后，再作为正式文件下达各部门、各地区和基层单位贯彻实施。

2.休闲体育决策的过程

（1）提出问题

所有的决策都是针对决策者要解决的问题展开的。因此，决策者在决策之前必须根据调查研究，提出需要解决的问题，如果没有需要解决的问题，也就不需要进行决策了。绝大多数管理决策是由以下四种不同类型问题中的一种引起的，每个问题有一个特定的决策方式：混乱——管理者必须采用最好的方法解决问题或突发事件；机遇——管理者决定抓住哪个机会及如何抓住机会；资源分配——管理者必须公正地分配资金、人员和装备；谈判——管理者作为一个公司或组织的代表做出决定。

（2）确定目标

决策目标是决策者对未来一段时期内所要达到的目的和结果的判断。决策目标的正确与否对决策的成败关系极大，决策目标选择不准确，势必导致决策的失误。目标是决策的方向，没有目标的决策是盲目的决策。

（3）收集信息

一旦目标明确，下一步就是收集尽可能多的相关信息。清楚目标能帮助有目的地收集信息。比如健身俱乐部的管理者被要求提供有氧运动项目。他需要明白要开什么样的班，什么样的练习对客户是最有利的。俱乐部的经理在决定前，还得认识到客户的体能和兴趣，以及知道关于可得到的器材、资源和设备的信息。

（4）拟订备选方案

一旦机会或问题被正确地识别出来，管理者就要提出达到目标和解决问题的各种方案。这一步骤需要创造力和想象力，在提出备选方案时，管理者必须把其试图达到的目标和决策标准牢记在心，而且要提出尽可能多的方案。管理者常常借助其个人经验、经历和对有关情况的把握来提出方案。为了提出更多更好的方案，需要从多种角度审视问题，这意味着管理者要善于征询他人的意见。

（5）方案评价

为了从多个备选方案中选出最佳的方案，需要对这些方案进行比较和评价，对方案的评估不能凭个人的主观好恶，而应采取科学的态度、依据科学的标准来进行，要研究各个方案的限制因素，综合评价各个方案的技术合理性、措施可操作性、经济时效性、环境适应性以及它对社会和生态的影响，分析各个方案可能出现的问题、困难、风险、障碍，并制定相应的防范、应变措施。经过分析评价，就可对每个方案的利弊长短有一个结论，然后据此来进行选择。

（6）选定方案

这是决策过程中最为关键的一步。

第一，在实际决策过程中，由于受主客观条件的限制，很难找到最优方案，一般只要找到决策者认为满意的方案就行。

第二，选定方案不是简单地挑选一个，而丢弃其他方案。因为不同的决策方案往往是不同专业、不同业务人员或同组人员，从不同角度出发来拟订的，它受决策方案拟订者主观意识的限制。对一个问题的看法不一致，并不等于他们的看法就是错误的，或是一点也不可取的，往往是各种不同方案各有利弊。决策者要把这些方案都放在一起，综合考察它们的利弊得失，尽量发挥各方案的长处，克服其短处，把不同方案综合成更优且可行的方案。这实际上是在原有方案基础上的再创造过程。

第三，要综合考虑各种指标，防止片面注重适用与经济效益指标。

第四，决策者要准确地权衡不同方案的利弊并做出正确选择。

（7）实施决策

制定、检验决策的完成，并不意味着决策过程的结束，只有把它们和实施、执行决策结合起来，才能构成科学决策的完整过程。

（8）追踪检查

在实施过程中，经过上一阶段的试验实证，决策的可靠性一般是较高的，但结果偏离目标的情况还是常有的。因此，必须做好检查、反馈、控制工作。通过信息系统和其他渠道，准确而迅速地把决策实施中发生的问题输入决策中心，决策中心据此对决策方案进行相应的调整、补充，以顺利地达到决策目标。如果主客观情况发生了重大变化，原决策方案的继续实施将危及决策目标时，就要进行追踪决策，即对决策方案进行根本修正。

上述阶段不能教条式地理解和机械地对待，决策者应对具体情况做具体分析。有时几个阶段可能互相交叉和渗透，有时可能侧重某一阶段，决策者要视实际情况而定。

第二节　我国休闲体育产业的管理研究

一、休闲体育俱乐部的服务管理

休闲体育俱乐部是人们参与休闲体育活动的场所，是休闲体育得以发展的基本组织机构。目前世界上的各种类型的休闲体育俱乐部发展迅速，其管理问题也越来越受到人们的重视。

（一）休闲体育俱乐部的服务内容

1. 接待服务

这是休闲体育俱乐部服务的第一个环节，主要是负责会员到俱乐部活动的接待、预约、接听电话等工作。接待工作包括验证会员卡、登记、发放更衣柜钥匙等。预约工作涉及场地预约、健身教练预约、陪练人员预约、各类其他专门服务预约等。接听电话主要是通过电话来预约、咨询相关事宜的顾客服务。

2. 引领服务

引领服务主要是将顾客引领到更衣间，为其打开更衣柜，并向新会员介绍俱乐部内的各种设施设备的位置及使用方法。同时为会员提供他所需要的各种物品。

3.专业技术服务

休闲体育俱乐部提供的专业技术服务，主要包括各类体育运动项目的教练及陪练，还有各类技师如按摩师、美容师等提供的服务。这一类的服务要求专业、贴心、周到，因此从业人员要形象健康、充满活力，具有良好的专业背景，具有一定的文化基础，善于与人沟通。目前各类休闲体育俱乐部的教练主要有两种，一是私人教练，主要是从事一对一的指导，比较具有针对性，并为客人开具科学的运动处方。二是巡场教练，主要是对在俱乐部活动的会员进行指导，教会他们使用各种器械，并解答客人的各种问题。

4.个性化服务

个性化服务主要体现在服务的细节上，根据客人的特点及不同需求，为其提供针对性服务，要求服务员必须做到记住会员的名字，了解不同会员的不同喜好，这样才能做到服务到位，使会员有归属感。建立会员档案是必要的保障措施之一。

5.环境服务

环境服务主要是指承托在硬环境基础上的软环境，主要包括以下几个方面：清洁卫生、绿色植物的摆放及保养、标志与文字的设计、温度与湿度控制、空气质量、照明、背景音乐、工作人员着装等。这些软环境我们称为环境服务，清洁卫生工作必须有细致的工作程序及严格的检查制度；绿色植物的摆放及保养必须由专业人员负责，可以内部聘请，也可以分包给绿化公司负责；标志与文字的设计、照明、背景音乐，要根据俱乐部的整体风格来安排，温度与湿度控制要考虑到季节和顾客的需求。

（二）休闲体育俱乐部服务质量控制途径

1.建立规范化的服务程序

在本行业内约定俗成的基础上，在最大化方便消费者的原则下，设计出最优的服务程序和作业方法，这些服务程序和作业方法还要具有可操作性，并把它们相对固定下来形成制度。制定规范化的服务程序，首先，要确定服务的环节和工作任务；其次，要确定服务时的先后次序。规范化的服务程序能使一些无固定形态的服务工作达到相对一致，便于管理人员对服务工作的检查、评定，有利于保持服务质量的稳定。

2. 制定量化的服务标准

为了使体育服务质量具有可衡量性，要制定符合实际的服务标准，并且要将这些标准尽可能地量化。体育服务往往是与体育活动同时进行的，因此其质量标准应该规定服务人员在每个环节的动作、形态、语言规范、时间限制等方面的内容。例如，要求服务员站姿端正，就不能只提一句口号，应该提出具体的站姿要求，要具体确定从头到脚每一部分肢体的姿势和位置。这样既便于培训和指导，又便于衡量和检查。

3. 建立严格的服务质量管理制度

服务质量是经营管理水平的集中体现，服务质量的好坏，对体育经营会产生直接影响。为了保证服务的高质量，有必要建立服务质量管理制度，以便根据服务质量标准及时监督、检查、衡量、评估服务质量水平，并对不符合质量要求的服务行为提出改正要求，制定改进措施。

4. 有效的意见反馈渠道

人们对服务质量的评价，是最客观、最权威的评定。人们对服务所反馈的信息，是改进服务工作、提高服务质量的依据。人们反馈的信息中有肯定的，也会有否定的。对于前者应当继续坚持，对于后者则应当立即改进。

人们反馈信息的渠道有以下几个方面：一是体育服务员和管理者在服务过程中主动征求到的意见和感受到的情绪。二是在经营管理中被动接受人们提出的意见和建议，包括口头的和书面的，也包括投诉。三是通过间接渠道，如通过同事、朋友转达，通过员工的亲属、朋友反馈，通过服务员的上级甚或其他部门反馈。

二、休闲体育场地设施的管理

（一）休闲体育场地设施运营管理的主要内容

1. 场地设施的预订和时间安排

场地设施的预订和合理的使用时间安排是保证休闲场地经营的重要组成部分。没有客户的预订使用，以及各类赛事和活动，设施就得不到有效的利用。另外，赛事与活动还是设施的另一项主要收入来源，也是场地设施充满生机的新鲜血液。休闲体育设施所有者性质上的差异，同样也会反映在其活动预订和时间安排上。一般来说，除了日常的场地设施租赁业务外，公共休闲体育场地设施，有义务确保社区活动和全民健身活动的场地预订和时间安排；私营的设施则可能会根据合约的内容有选择地举办一些慈善性或非营利性的活动，而更多地把本设施或较好的时段预留给那些以营利为目的的赛事活动。然而，不管设施的运营目标和任务是什么，预订通常采用的是签订使用协议的方式，即根据协议确定的金额，按照指定的日期，在特定的场地或设施内保留一个特定的空间以供预订人使用。休闲体育场地的预订一般有意向预定和确认预定两种形式。意向预定是指单位和个人要求在设施的日程表上预留出一个具体的日期和时间段，但尚未实际签订租赁合同。如果在同一日期和时间段内有其他单位和个人要求使用设施，并同意支付定金，按照惯例，负责场地时间安排的人员要先通知原预定单位，并征求对方同意后，方可最终确认预定信息，准备签订合同。确认预定或合约预定则是指预定机构已经为双方达成共识的日期和时间段交纳定金，并且开始进行合同的谈判工作。值得注意的是不同类型的活动可能会要求不同的确认期限和附带条件，这主要取决于实际情况和主办方的声誉。休闲体育设施必须拥有公平合理的预定系统，才能真正赢得客户的信任。

时间安排是指根据场馆可以使用的时间，预订和协调所有赛事活动和使用的过程。负责时间安排的人员要精通设施的操作运行，并且有能力保证场地能够在完成日常租用的情况下，承办数量适当的赛事活动，同时又不会造成员工超负荷工作、场馆过度使用、预算严重超支，以及市场过度饱和。因此，休闲体育场地设施时间安排的宗旨就是要合理利用各类场地设施的使用时间，通过与最佳的赛事活动组合来实现设施的最有效使用。

2. 安全保卫

建立完善的安全保障和紧急情况处理程序对休闲体育场地设施的管理是非常重要的。安全保障不足，或是对紧急情况的处理不当，都有可能导致设施的经营管理者承担相应的法律责任。在大多数具有一定规模的休闲体育场馆中通常会雇用全职的内部保安人员，而安全保障的职能则会归到运营部门的管辖权限之下。因此，建立和拟定保安的管理规定和工作程序，并将这些管理规定和工作程序传达给包括保安人员在内的其他所有员工（如售票员、行政管理人员等）就显得十分必要。场地所有的员工都要清晰地了解这一程序，一旦发现任何问题，必须根据处理突发事件的规定马上解决。如果场地设施方通过使用严格的管理规定和工作程序而保护了使用者的权益，这将有助于减轻设施管理当局所应承担的责任。

3. 风险管理

风险被定义为一种危险，或出现危险或伤害的可能性。风险管理的目标就是将意外伤害控制到最小限度。为了高效率地完成这项任务，休闲体育设施管理者应该有能力识别潜在的风险，估计其出现的可能性，计划如何应对这些风险，以及为降低风险而制定相关的标准和程序。

4. 经营项目的制定与市场营销

休闲体育场地设施的经营项目，是整个运营过程中另外一个不可或缺的重要组成部分，正是经营项目的存在使得各类休闲体育设施的使用者能够在安全的环境、身心愉悦的状态下享受运动、休闲和多种多样的娱乐活动。根据美国营销协会的定义，营销是指一个产品或服务的计划、构思、生产、定价与经销的过程。该过程以创造交换机会来满足个体与集体客户的需要为最终目的。可以这样说，几乎所有成功的企业都能做到根据不同的需求辨别客户，并拥有能够满足上述需求的产品、服务和员工。就休闲体育场地设施来说，想要获得较好的经营效果，就需要设计出让客户满意的经营项目来。

（1）目标市场的识别

随着体育设施数量的不断增多，市场竞争日趋激烈，任何一个体育设施，无论其规模与实力如何，都无法无限制地满足整个国际或国内市场的不同年龄、不同背景、不同地域消费者的需求。休闲体育设施的管理者通常只能根据设施的内、外部条件和特点，在一定区间内选定经营范围，以便满足一部分特定消费者和用户某些方面的需求，这就是目标市场选择的起因。目标市场一般情况下由一个或几个细分市场来构成，因此，目标市场的确定首先要细分市场。

（2）经营项目

休闲体育场地设施生产的，可供其客户消费的产品实际上就是其多元化的经营项目。因此，休闲体育场地的经营者应本着以体为主的原则，开展多种经营，通过生产多元化的、高质量的体育主体产品和体育配套产品，满足消费者的需求。在这方面，西方休闲体育发达国家的经验值得借鉴。经过总结多年的理论研究和经营实践，西方的管理者们针对休闲体育设施的经营项目设计提出了休闲生命周期的概念。其核心内容是，任何人生命过程中各个不同阶段对于休闲体育活动和服务的需求都有可能存在一定的差异。比如，某个青年客户最初选择到某一休闲体育中心来的目的是参与其健身经营项目，但随着该客户年龄、阅历和收入等方面的变化，他的休闲需求也会随之发生变化。当客户的休闲体育消费需求发生变化时，如果休闲体育设施能够再次提供符合客户变化了的需求的经营项目，那么客户就会长期保持对设施所经营项目的消费，以此类推。休闲体育设施的管理人员应在充分理解休闲生命周期这一概念的基础上，把握新老客户的特点，确保能为消费者提供符合其休闲生命周期需求的休闲体育产品。

（3）价格

休闲体育场地设施经营的实际上是服务产品，因此其定价方法多种多样，如成本定价法、目标收益定价法、差异定价法、控制供应量定价法等。当然，无论休闲体育设施的经营者们在定价时采用哪种方法，都应该从实际出发，根据设施自身的特点，以及所处的市场环境来决定经营项目的价格。

（4）市场营销

休闲体育场地设施经营项目的营销主要包括现有内部会员的营销和外部潜在客户的营销。由于目标受众不同，所采用的营销手段也会有所不同。对待现有内部会员营销的主要目的是持续保有这部分客户，因此，营销的重点在于如何发掘他们的需求，从而提供更具有吸引力的经营项目。而对外部潜在的客户来说，营销的重点则在于扩大市场、提高知名度，力求让更多的人了解体育设施和所提供的经营项目，激发潜在客户群尝试休闲体育消费的兴趣。针对这种情况，常见的促销手段有广告推销、人员推销和营业推广等。

5.服务质量管理

服务质量的高低优劣直接影响到休闲体育设施的经营、声誉、形象和经济效益，因此服务质量是体育设施经营的生命线。休闲体育场地设施所提供的服务应该从两个大的方面去把握，即硬件部分和软件部分。硬件部分主要是指设施的建设和设备的配置，这是由设施决策者决定的，我们这里不做深入探讨；软件部分主要是指由服务人员提供的具体服务，是本书要重点关注的内容。休闲体育场地设施在经营过程中向人们提供的服务，以其特定的内容创造使用价值，参与商品交换，因而具有商品的一般特征。提供优质服务是商品经济中价值规律的客观要求。

6. 财务管理

规模较大的休闲体育场地设施一般会设有一个专业的部门进行会计和财务工作，而在小型设施中，会计和出纳也必须由两个以上的员工担任，以确保相互之间形成有效的监督机制。此外，将与财务会计相关的工作外包给专业的中介公司处理，也是目前常见的做法。

7. 后勤工作和场地设施维护

后勤工作和场地设施维护是为了保持设施清洁和准备接待观众而设计的工作职能。一个清洁且保养得当的设施使用环境能够让赛事活动的组织者和设施使用者感到惬意，因此对于这项工作设施，管理者决不可掉以轻心。设施的后勤工作与房屋清洁不同，其所要清洁和护理的范围包罗万象，不仅有各种表层的运动场地、运动器材的清洁维护，还有看台座椅、移动座椅、休息室、包间、地毯、瓷砖、绿化带、电梯等。而场地设施的维护则包括许多专业性较强的职能和责任，如建筑物维护、设备维护、赛事活动所使用设备的安装、拆卸和保管等。除此之外，休闲体育设施的维护管理，还要求场地设施要了解和遵守有关的国家性和地区性法规。

（二）休闲体育场地设施运营管理的实例

笔者以攀岩场地设施为例。攀岩是从登山活动中派生出来的一项活动，目前，用于攀岩的岩壁主要有天然、室外人工和室内人工三种。天然岩壁是大自然在地壳运动时自然形成的悬崖峭壁，给人的真实感和挑战性较强，消费者可自行选择攀岩的岩壁和攀岩路线及攀登地点。天然岩壁的路线变化丰富，如凸台、凹窝、裂缝、仰角等，能让攀岩者深刻体会到"山到绝处我为峰"的感受。人工岩壁是人为设置岩点和路线的模拟墙壁，可在室内和室外进行攀岩技术的训练，难易程度可随意控制，训练时间比较机动，但高度和真实感有限。由于受条件限制，当前在各地所营运的多为人工岩壁攀岩场所，根据修建所使用的不同材质可以分为打孔锁岩块攀岩场、木合板攀岩场、平面合成板攀岩场，以及合成材质 3D 曲面雕塑岩板攀岩场。

1. 天然攀岩场地

在天然场地开展的攀岩运动多在野外进行，一般来说，天然攀岩场地受周边自然环境的影响较大，所以这类场地设施的经营管理较难把握。与此同时，多数天然攀岩场地能较好地与各类旅游风景区融合在一起，有些用于攀岩的天然峭壁甚至能成为旅游景区吸引游客的重要卖点。然而，必须要强调的是，在天然场地开展的攀岩运动的危险性一般也较高。因此，对这类攀岩场地设施的管理应主要集中在安全保障与风险管理上，为了保障广大攀岩爱好者的人身安全，各类休闲旅游景区和天然攀岩场地的经营者和活动的组织者，应严格按照我国有关的法规制度来开展经营活动。

2. 人工攀岩场地

与天然攀岩场地相比，人工场地的可控性要高很多，在经营管理上的难度也相对较小。但可控并不代表没有危险，由于攀岩运动本身的特点决定了该项运动必将与危险为伍，因此即使是人工攀岩场地，经营管理者也应严格按照《攀岩攀冰运动管理办法》的有关规定开展经营管理。对人工攀岩设施来说，岩面是攀岩运动所依赖的最主要的物质基础，也是吸引消费者的核心产品，岩面材质和攀登路线的设计就显得格外重要。随着科技的进步，目前用于人工攀岩场地建设的可选材质也越来越多，经营管理者应注意各种材质在安装使用过程中的不同特点和要求，并进一步根据自身经营场地材质的特点，做好路线设计、岩面维护，以及攀岩指导人员的招聘、培训等工作。

三、我国休闲体育的市场营销管理

（一）产品策略

1.观赏性体育竞赛与表演

这是覆盖范围最广泛的一种休闲体育产品，任何国家、民族、性别、年龄、收入、职业、健康状态的人们都可以通过各种方式享受观赏性体育竞赛与表演，主要方式包括现场观看、电视转播、电台广播、互联网等。观赏性体育竞赛与表演使人们在视听等感官刺激下间接体验运动的美感、竞赛的紧张感、团队的荣誉感、运动员高超的技艺和令人振奋的体育精神，并在与家人、朋友共同观看的过程中享受社交的愉悦，这是一种受到普遍欢迎的休闲体育产品。观赏性体育竞赛与表演又可分为观赏职业体育竞赛与表演、观赏民族性或地区性体育竞赛与活动、观看亲友的体育竞赛与活动。

2.参与性健身娱乐活动

20世纪中叶以来，随着生产自动化水平的迅速提高，以计算机和互联网技术为主体的信息技术高速发展，尤其是互联网的推广和普及铸就了席卷全球的信息高速公路，人们的生活方式也随之发生了很大的变化。特别是在一些经济发达的国家和地区，人们的体力活动大大减少，工作生活节奏加快，加上就业与竞争的压力越来越大，各种"文明病"迅速蔓延。于是，注重身心健康日益成为人们的普遍追求，利用闲暇时间参加健身娱乐活动正在成为人们日常生活中不可缺少的内容。

3.专项性体育培训服务

专项性体育培训服务是指为满足不同性别、年龄、收入的群体在学习运动技术或锻炼身体等方面的需求而开展的，以专项运动技术为主的培训。接受专项性体育培训是青少年和儿童，以及俱乐部会员休闲运动的重要内容。实际上，青少年、儿童所掌握的基本体育技术和技能，大多是通过参与学校或体育俱乐部的训练而获得的。提供专项体育培训的俱乐部及机构名目繁多，规模不一。力美健、中体倍力、青鸟等俱乐部规模较大，在全国许多城市都有连锁机构，而社区体育俱乐部、地区性的少年儿童体育培训机构则相对来说规模较小，其培训对象以社区居民、培训地点附近的少年儿童为主。

4.增值性体育信息咨询

增值性体育信息咨询是指体育机构在体育服务的基础上为顾客提供的个性化的健康咨询、体质测定、体形测定、运动处方、营养配方等。增值性体育信息咨询是体育服务的附属产品，其通过个性化的服务增强顾客对产品整体价值的感知和体验，提高顾客的满意度，培养顾客的忠诚度。

（二）价格策略

1.折让定价策略

（1）数量折扣

数量折扣是指对购买商品达到一定数量的顾客给予一定的折扣优惠。其目的是鼓励顾客大量购买，或集中向本企业购买。数量折扣包括累计数量折扣和一次性数量折扣两种形式。累计数量折扣规定顾客在一定时间内，购买商品若达到一定数量或金额，则按其总量给予一定折扣，其目的是鼓励顾客经常向本企业购买，成为可信赖的长期客户。一次性数量折扣规定顾客一次购买某种产品达到一定数量或购买多种产品达到一定金额，则给予折扣优惠，其目的是鼓励顾客大批量购买，促进产品多销、快销。

休闲体育产品常采用数量折扣的策略来维持消费者的忠诚度，增加消费者的消费额或消费量。观赏性体育表演和竞赛、健身场馆门票在定价中经常按消费数量或频率进行数量折扣。例如，体育比赛的门票通常包括团体票和个人票。团体票降低了主办方的销售成本，增加了消费数量，因此会给予购买者一定的折扣优惠。

（2）时段折扣

消费时段折扣是指给予在指定的特殊时段消费的顾客一定的折扣优惠。这种定价策略适用于休闲体育无形产品的定价。人们对休闲体育无形产品的消费受到闲暇时间的限制。通常来说，人们的闲暇时间主要集中在工作日下班后、周末和节假日。因此，人们在工作日的上班时间段对休闲体育产品的需求量小，休闲体育场馆设施的闲置率较高。为鼓励消费，弥补固定成本及增加收益，为休闲体育提供场馆服务、健身娱乐服务、体育培训服务的企业可以针对一些特殊时段实行价格优惠。

（3）季节折扣

某些休闲体育产品的生产和经营是连续的，而其消费却具有明显的季节性。为了调节供需矛盾，这些企业可以采用季节折扣的方式，对在淡季购买产品的顾客给予一定的优惠，使企业的生产、经营及销售在一年四季能保持相对稳定。例如，某游泳馆对冬季游泳票实行八折优惠。

2. 心理定价策略的运用

心理定价策略是指企业在定价时，考虑消费者购买时的心理因素，有意将产品价格定得高些或低些，以诱导消费者的购买来扩大市场销售量的一种定价策略，它是定价的科学和艺术的结合。休闲体育产品，尤其是体育健身器材等大件耐用产品，以及休闲体育无形产品，如观赏性体育竞赛与表演、健身娱乐服务、体育培训服务、体育信息咨询等，需求弹性较大，心理因素会对消费者的购买行为产生显著的影响。因此，了解消费者的心理，灵活地运用心理定价策略在企业定价中就显得尤为重要。常用的心理定价策略主要有以下几种：

（1）尾数定价

尾数定价又称零头定价或缺额定价，即给商品定一个零头数结尾的非整数价格。这种策略常用于休闲体育有形产品的定价。心理学研究表明，价格尾数的微小差别能够对消费者的购买行为产生较大的影响。第一，显示价格便宜。一般认为，5 元以下的商品，末位数为 9 最受欢迎。零头价格离整数仅相差几分或几角钱，但给消费者一种低一位数的感觉，似乎是在整数价格的基础上打了折扣。第二，体现定价精确。如将某型号的跑步机定价为 1999 元，虽然与整数 2000 元之间只相差 1 元，这种差别对于该跑步机的价格来讲几乎可以忽略不计，却让消费者感觉这是经过商家精确计算的、最低的价格。

（2）整数定价

与尾数定价相反，企业针对消费者追求名牌、注重质量的心理，将商品价格有意定为整数。整数定价策略适用于需求价格弹性较小、价格高低不会对需求产生较大影响的休闲体育产品，如时尚休闲体育用品、星级宾馆或高档文化娱乐城内的休闲体育服务等，由于其消费者都属于高收入阶层，对价格不太敏感，整数定价因此受到青睐。整数定价也会对消费者的购买行为产生影响：首先，可以满足购买者炫耀富有、显示地位、崇尚名牌、购买精品的心理；其次，省却了找零钱的麻烦，方便企业和顾客的价格结算；最后，花色品种繁多、价格总体水平较高的商品，利用产品的高价效应，在消费者心目中树立高档、高价、优质的产品形象。

（3）幸运数字定价

在不同的国家、地区或不同的消费群体中，由于民族风俗习惯、文化传统和信仰的影响，往往存在对某些数字的偏爱或忌讳，如9代表"长长久久"；6代表"六六大顺"，即事事顺利之意。休闲体育用品可以适当采用幸运数字定价策略，以促进销售。

（4）招徕定价

招徕定价是指企业为了招徕顾客而暂时将少数几种商品以优惠价出售的策略。如企业可以利用节假日、周末等特殊时段，将少数几种产品以大大低于正常价格的优惠价或特价出售，以吸引消费者的注意力，同时促进对其他休闲体育产品的购买。从事休闲体育产品生产的经营的企业在使用招徕定价策略时必须注意，用于招徕顾客的物价产品，应该与低劣、过时产品明显地区别开来。招徕定价的特价产品，必须是款式新颖、质量可靠的适销产品，而不能是处理品。否则，将难以吸引消费者，甚至可能影响企业的声誉。

（5）习惯性定价

在长期、反复的购买活动中，消费者会对某种商品的价格形成一种稳定性的价值评估，即价格定式。消费者往往以习惯价格为基础对比价格的高低涨落，以及商品质量性能的差异。因此，对于那些价值较低、购买频率较高的休闲体育产品，企业在定价时要考虑消费者的价格定式心理，不宜偏离行业平均价格太多。否则，企业的定价一旦冒犯了消费者长期形成的价格定式，可能会引起消费者的不满，从而放弃其购买行为。与消费者的习惯价格相比，定价过高，可能会引起消费者的抵制，导致销售量锐减，市场形象受损；定价过低，又会使消费者对产品质量产生怀疑，销售量达不到预期的目标，企业收入减少。

第三节　休闲体育文化的价值实现途径与建议

一、休闲体育文化现代价值的实现途径

（一）政府层面——形成宏观调控的政策引导机制

作为对社会现象发展具有一定宏观调控职能的政府，其积极的态度和全面的调控是保证休闲体育文化现代价值实现的最重要途径。经济发展，特别是普通百姓可支配收入的增长，是休闲体育文化价值在现代社会中实现的基石。只有当人们衣食无忧、生活富足之时，休闲体育才能迎来真正的发展契机。政府通过对包括场地器材在内的休闲体育硬件设施的合理规划布局，可有效实现对地区休闲体育发展的调控，并以此作为提升区域休闲体育文化现代价值实现程度的途径。同时，作为休闲体育文化传承的重要途径，各级各类学校中的休闲体育氛围显得尤为重要，政府应对休闲体育教育的资金投入予以物质保证，并通过推动休闲体育文化教育课程的设立，确保学生接受休闲体育教育的权利。此外，政府可引导新闻媒介加大对休闲体育文化的传播，宣扬"健康第一"的思想，营造浓厚的休闲体育氛围，使新闻媒介成为推动休闲体育文化广泛传播的重要动力。

（二）社会层面——构建休闲体育文化的公共服务体系

休闲体育在现代社会中的发展重点，可以被理解为提升大众生活质量和健康素质。为此，对既有社会体育资源加以开发和整合，逐步构建政府主导、市场为先的休闲体育服务体系，是推动休闲体育现代价值实现的必然选择。从人类社会现有的休闲体育资源来看，非盈利的普及型或盈利的经营型体育运动设施能有效为不同消费层次的社会大众提供休闲体育服务；学校的体育场馆设施不仅为学生提供了休闲体育场所，也在一定程度上满足了附近居民的休闲体育需求；掌握一定休闲体育技能的专业人士及修习过休闲体育相关课程的学生，可以通过走进社区等方式为有休闲体育指导

需求的普通居民提供休闲体育指导类服务；对休闲体育服务机构而言，应及时掌控人们休闲方式的变化，并根据实际进行相应调整及扩充其所提供的服务项目。

（三）个人层面——养成休闲体育文化良性传承的教育意识

亚健康是指人身心的一种临界状态，处于亚健康状态的人，虽无明确疾病，却在社会适应能力、精神活力等多方面产生倦怠和下降。在现代社会中，以亚健康为代表的现代特征明显的病症是许多人不得不面临的身体困境。世界卫生组织全球性调查表明，全世界真正处于完全健康状态的人仅占全球人口总量的 5%，明确诊断患有病症的也只有 20%，而 75% 的人处于亚健康状态。这充分表明，健康已成为困扰人类生存及社会发展的最大问题，直接影响着人们的生活质量。

自古以来，人类在面临健康问题时总会以体育运动作为缓解不适和增进健康的主要方法。从中国古代的"五禽戏""八段锦"到融汇东西方文明的现代运动"减肥韵律操""呼啦圈"，都是人们在面对身心健康问题时的自主选择。人们在休闲体育中放松身心、享受快乐，并逐步调整不良个人状态，实现体力与精力的恢复。这是一种休闲体育的自觉意识，是对休闲体育文化的良性传承，也是确保休闲体育价值实现的最根本途径。

二、实现休闲体育文化现代价值的建议

（一）制定相应政策法规，凸显休闲体育文化在现代社会发展中的地位

休闲体育文化在现代社会中正占据着越来越重要的地位，其作为社会主流文化之一，必然对推动人类文明的演进起到重要的引导作用，理应受到政府、学者、民众等社会各方的重视，以制定相应政策法规等方式引导全民树立休闲意识与休闲观念，共建休闲体育文化。

（二）把休闲体育文化纳入学校教育体系，传承优良传统

休闲体育文化基于休闲体育文化的多重价值，学校教育应对其进行有机融合，将休闲体育文化纳入学校教育体系，以此推动休闲体育文化的传承。休闲体育文化在中西方都具有悠久的历史，无论是西方先贤的思想硕果，还是中国传统休闲体育文化中蕴含的理念，都对现代休闲体育文化具有极高的参考价值，为休闲体育文化的延续性发展提供借鉴。

（三）传播休闲体育文化正向功用，规避休闲体育文化负面影响

现代社会中物质条件的飞速演变给休闲体育文化功用带来了双向发展。休闲体育文化在为社会传递正能量的同时，所显现的负面影响更应得到重视，并采取适度控制参与时长等有效措施予以规避。只有这样，才能在充分发挥其在现代社会中积极作用之余，避免其引发的文化及社会异变。

（四）完善休闲体育文化实现机制，健全休闲体育文化实现途径

休闲体育文化实现的条件是其发挥现代功用的基石，人们应以系统的眼光审视这一问题，尽可能从内外两方面创造出符合现代休闲体育文化发展的条件。创造外界条件，可从营造良好政治环境、稳定经济发展提供物质基础、进一步提高生产效率为人们带来更多闲暇时间等方面着手。内源条件的打造则应以外部环境的点滴变化引导人们在精神意识、体育观念、价值取向上发生转变，进而从行为上更多地参与休闲体育活动。为保证休闲体育文化现代价值的实现，政府、社会、个人等途径应进行有机配合，并保证每条途径都能充分发挥其自身能量，从效果上最大化地展现休闲体育文化的现代价值。

第七章 高校的体育产业与体育文化管理探索

第一节 校园体育和文化的基本理论

一、校园体育的内涵、特征与目标

（一）校园体育的内涵

校园体育，或者说学校体育，是指以在校学生为参与主体的体育活动，通过培养学生的体育兴趣、态度、习惯、知识和能力来增强学生的身体素质，培养学生的道德和意志品质，促进学生身心健康。学校体育是教育的重要组成部分，是计划性、目的性、组织性较强的体育教育活动过程。

（二）校园体育的特征

1. 基础性

首先，体育教育在整个教育中具有基础性地位，是德、智、体、美教育的重要组成部分；其次，校园体育的对象是在校学生，其身心发育处于关键时期，体育有助于他们的健康成长；最后，学生阶段是生活习惯和行为养成的重要阶段，体育知识的掌握与体育习惯的养成，将为竞技体育和大众体育打下坚实的基础。

2. 普及性

校园体育以全体学生为对象，以全面传授体育知识、普及体育活动为宗旨。

3. 系统性

校园体育遵循儿童、青少年发育成长的基本规律，并根据教学规律设计教学活动；教师按照循序渐进的原则有计划地指导学生；课余体育同课堂教学一起构成体育活动体系，在潜移默化中实现教学目标。

（三）校园体育的目标

我国学校体育的目的是：促进学生身心发展，增强体质，并对他们进行道德品质的教育，使他们能很好地完成学习任务。要实现这个目的，必须完成下列具体任务：一是促进学生身体健康地生长发育，养成学生坐、立、行的正确姿势；促进学生力量、速度、灵敏、耐力等身体素质的发展，增强学生走、跑、跳跃、投掷、攀缘等身体的基本活动能力。体育活动大多在室外进行，锻炼学生习于寒暑，能登山、泅水，以增强他们适应自然环境、抵抗疾病、克服困难的能力。二是传授体育的基本知识、技能和方法，使学生热爱体育活动，懂得怎样锻炼身体，养成坚持锻炼身体的习惯；对有发展条件的学生进行系统的业余运动训练，为国家发现和培养优秀的体育人才。三是结合体育向学生进行道德、品质等精神文明的教育。教育学生认识体育对个人、对民族和国家的重要意义，提高其锻炼身体的自觉性。

二、校园体育文化的内涵与结构

（一）校园体育文化的内涵

文化是一种社会现象、长期创作的产物，同时又是一种历史现象，是社会和历史文物的积累，包括物质文化、制度文化和精神文化三个方面。体育是在人类社会发展的基础上，因生产和生活的需要，遵循人的心灵的发展规律，以身体练习为基本手段，增强体质，提高运动技能、思想道德教育，丰富市民的文化生活而进行的有目的、有意识、有组织的社会活动。校园文化是指在校园内，以学生及教师为活动主体，以课内外活动为主要内容而形成的一种文化。

校园体育文化是在 20 世纪 90 年代初期提出的一个概念，它源于 20 世纪 80 年代"文化热"背景下对体育文化与校园文化的进一步探讨。校园体育文化是校园文化的重要组成部分，是指学生通过身体锻炼、体育活动的开展，以校园体育运动为主要内容、以校园精神为特征的一组文化。校园体育文化是校园文化与体育文化交融的交汇点，它既是体育文化的重要组成部分，也是校园文化的重要内容和形式。校园体育文化对丰富校园生活、引导正确的校园体育价值观、增强学生体质、培养学生终身体育的意识和习惯、提高学生综合素质，具有非常重要的作用和意义。

高校校园体育文化是高校校园里的人群共同参与体育形成的一种文化，是一种群体文化；它是以身体练习为手段，以多种多样的锻炼项目为主要内容；主体是高校校园这一特定的环境中的广大师生员工，最终目的是要实现体育课程目标，帮助学生形成终身体育意识与良好的体育精神。因此，高校校园体育文化是指在这个特殊的大学校园环境中，根据学校体育和体育教育课程的目标，教师和学生共同参与的，以身体练习为手段的，以不同的运动为主要内容的群体文化。

（二）校园体育文化的特征

1. 导向性

高品位的校园体育文化，不仅能为学生提供一个自我展示、自我教育、自我提高的空间。同时，还能通过激励大学生进行科学的体育锻炼，帮助学生树立正确的世界观、人生观、道德观，并激发其爱国主义精神。这就决定了高等教育要以培养合格人才的要求去进行校园体育文化建设。

2. 融合性

体育是加速文化交流的有效途径。青年学生容易接受新的观念和思想，通过体育运动可以吸收各种文化中的精粹，与本民族的优秀传统有机融合在一起，提高青年学生的民族自尊心。校园体育文化的融合性主要表现在新兴的体育运动项目、体育思想等。首先是在高校中接纳与传播的，如目前非常流行的网球与橄榄球。高校体育文化正如一座桥梁，连接起了新兴体育项目与中国的传统项目，使中西方的体育项目与体育思想在不断融合中得到发展与传播。

3. 隐蔽性

校园体育文化是一种理想的隐性课程教育，它通过非特定的心理方式来潜移默化地影响学生，让学生在无意识中形成良好的行为规范与品行品德。良好的高校体育文化，其所形成的体育氛围可以形成一种无形的力量，影响着每一个在这个环境中的人，使其不断地调整自己的心理与行为来与整体文化氛围相协调。同时，校园体育文化中的人产生的共同行为与观念，也进一步促进了校园体育文化建设的发展。

4. 开放性

高校校园体育文化是个开放的系统，广大教师和学生的积极参与决策是其有别于其他组织的重要特征。学校之间或学校内部通过体育运动频繁、广泛的交往和接触有利于师生拓宽自己的视野，加深对社会的理解。另外，学校对外的体育竞赛，不仅展示了运动员的竞技水平和道德风尚，也向社会展示了学校的综合实力、办学水准和精神文明建设的成就，对宣传学校的社会形象产生了积极的作用。

5. 时代性

每一阶段的校园体育文化有不同的特点，每一阶段的校园文化也有不同的存在状态。高校校园体育文化是在长期的体育教育实践中逐步形成的，那些体育工作有特色、对外声誉高的学校，一般都有优良的健康向上的体育文化。校园体育文化作为一种客观存在的形态，总是会对学校的发展产生积极的或者消极的影响。任何文化都是时代的产物，都具有在一定程度上反映时代本质的特性，同时又随着时代的发展前进而不时地演化自己的形态。学校存在于社会时空环境中，而时空环境是影响学校生存发展的重要因素。在校园体育文化的形成和发展中，它的内容与形式都受到一定时代的政治、经济、教育以及社会结构、文化风尚等的影响和制约。

6. 教育性

高校校园体育文化是生存于高校这一特定环境中的一种文化现象，肩负着教育使命。它所创造的氛围能激发学生愉快、自主地从事身体锻炼，促进学生的个性发展，培养学生的独立性、自主性、创造性和道德性等方面的能力；能充分挖掘学生的潜力去从事创造性的体育运动，从而获得知识的满足感、技能提高的喜悦感及失败后战胜困难的超越感；此外，还能获得参加体育运动的集体荣誉感、运动后的轻松愉快感、学生积极参与实现目标的自我成就感；同时能提高学生感受美、欣赏美、创造美的能力，塑造美的人格和心灵，使之接受美的熏陶。因此，高校校园体育文化的教育性特征有别于其他教育文化，具有全方位的独特性。

7. 娱乐性

一般说来，高校校园体育着重于人的身心需要和情感愿望的满足，不以高超复杂的技艺、深邃的哲理和深厚的文化修养诸条件要求参与者，而是以普遍的、自娱自乐的、消遣性的、游戏性的活动方式迎合参与对象，使他们可以在这些活动中得到直接的令人愉悦的情感体验。校园体育活动项目广泛而丰富多彩，有竞技、表演、游戏、休闲等，这些项目普遍带有浓厚的娱乐色彩。高校校园体育精神文化的最大魅力就在于娱乐，不同的体育项目给人的愉悦之情不同。大学生参与的体育活动，形式多样、参与人员可多可少、场地可大可小、时间可长可短、规则可松可紧，可以根据不同人群、不同性别的不同需要来选择相应的运动项目和运动形式。体育运动总是处于一种结果未定、需要不断努力、把握时机的过程中，正是结果的不可预测性给人带来无限的刺激，产生不同的感受，欢愉之情油然而生，吸引大学生广泛参与。游戏性增加、娱乐性增强，容易达到娱乐身心、消除疲劳、扩大交往、促进友谊的目的，可以满足青年学生的娱乐需要并使其身心得到健康发展。其娱乐性的特征使高校体育文化自然而然地产生了巨大的吸引力，吸引广大师生的积极参与，无论在空间的广阔性上，还是在时间的持久性上，体育文化的价值都是其他校园文化难以企及的。

8. 渗透性

高校体育文化的渗透性，是指高校体育精神能够发生辐射，渗透到大学生学习、娱乐等各项活动之中，渗透到大学生思想价值观念形成的过程中。在体育领域里始终贯穿着竞争和向上的精神，这种意识是现代人的一种重要的素质。因此我们应该使体育精神影响和引导在校大学生和高校体育文化的发展。竞技体育文化是以"竞技"为手段，以不断超越人类生理和心理极限为内涵的一种较为独特的文化现象。它成为凝聚民族精神的主要的动力，承载着社会责任感，承载着人类的良知，承担着社会关切和唤醒、凝聚、团结民众的重任和个性化的追求功能。竞技体育文化在物质和精神文化中发挥着其他文化现象所不可替代的作用，它必然对大学生的思想价值观念产生重要的影响。高校体育对社区体育和家庭体育的渗透作用日益凸显。许多社会体育方面的研究学者都不约而同地提出了"社区体育要以社区附近的学校为中心开展"的结论。

9.创新性

现代体育具有更为强大的创造和更新文化的特点。其一，现代体育为高校校园文化的不断更新发展，提供促进身心健康、具有创造活力的内容形式；其二，现代体育与校园文化紧密结合，成为促进校园文化发展的一个重要渠道。体育运动是与外界联系的一个重要的窗口，人们通过相互之间的交流，不仅是对体育运动本身的交流，也是双方友谊、意识、精神面貌、文化底蕴等方面的学习交流；在体育运动中所提出的新概念、新观念和新模式，潜移默化着大学生的精神生活。高校体育运动思想也在不断创新。以往的体育教学与运动训练，不管其对象的兴趣和未来的需求，只重视眼前利益——"达标"。而如今更侧重于"健身育人"和"夺标育人"的思想，即在体育运动的过程中既要管对象"一阵子"，也要管其"一辈子"。健身和夺标是近期目标，育人则是终极关怀。此外，还有体育运动方式层次上的创新和体育运动操作层次上的创新。

随着信息社会的到来、高校校园信息来源渠道的增加，校外及国外的各种社会体育形态和管理方式开始进入大学校园，大学生的体育倾向开始流向外界，从而结合本校特征的新型体育方式走向大学校园。"更高、更快、更强"的奥林匹克精神已成为大学生在学习、生活中的指向，而这种进取精神不仅仅是为了个人，更多表现为为了集体、社会和民族，同时还能引导校园文化走向创新。

（三）校园体育文化的结构

高校校园体育文化的结构是指高校校园体育文化系统得以在发展过程中保持整体性并具有强大功能的内在根据，它同时也决定着高校校园体育文化的特征。校园体育文化的结构主要有以下三个层次：第一层是体育物质文化层。体育物质文化是校园体育文化的基础。体育物质文化主要包括体育设施、器材、宣传物品等，它是校园体育文化参与者进行体育活动实践的物质保证。第二层是体育制度文化层，是指对学校体育起规范作用的各种规章和制度。体育制度文化是满足校园体育文化顺利进行的重要保证。它对参与校园体育文化主体具有一定的强制性。第三层是体育精神文化层。体育精神文化在校园体育文化中起主导作用，主要包括与体育有关的思维方式、价值观念和审美情趣等。在这三个层次中体育价值观念决定着校园体育文化的发展方向，因此它是校园体育文化的核心内容。

（四）校园体育文化的功能

1. 健身功能

众所周知，人们在体育锻炼的过程中，自身的循环系统、心肺功能、呼吸系统、消化系统都能得到改善和提高；体育运动不仅能增强体质、健身防病，而且能改善和提高中枢神经系统的工作能力，让人保持清晰的思维、良好的记忆力。大学生都处在生长发育阶段，积极参加体育锻炼，一方面能够增强自身体质，另一方面通过参与运动培养兴趣爱好，养成良好的体育习惯，终身受益。

2. 导向功能

良好的校园体育文化会形成一种校园体育文化氛围，无形中会给人以力量，让师生不自觉地受到感染和影响，激发师生健身和运动的愿望。人们真正体验运动的乐趣以后，会得到一种内在的激励，慢慢会形成一种习惯。例如，"CBA·梵谋杯"上海大学生篮球精英赛吸引了许多的大学生到场助威，作为上海市阳光体育大联赛的组成部分，推动了高校大学生的健身和其他体育运动的开展。在这样的校园体育文化环境里，人们会自觉地养成体育锻炼的习惯，并最终形成终身体育锻炼的习惯。世界卫生组织对人的健康所下的定义是："健康不仅指身体无疾病，还要有完整的心理、生理状态以及社会适应能力。"《大不列颠百科全书》也将健康定义为："使个体长期适应环境的身体、情绪、精神以及社会方面的能力。"据这两个权威定义来看，健康不仅仅是指躯体的健康，还包括心理健康。

良好的校园体育文化，以及与之相应的校园体育文化活动，能使人在形象、宽松、愉快的氛围中，潜移默化地掌握体育知识，激发自身对于体育的兴趣，认识体育对身心健康的价值。对抗激烈的学校体育比赛，能够感染师生的情绪，激发进取竞争精神、团队合作精神和集体荣誉感，从而促进人的身心的全面发展。

3. 社会化功能

所谓社会化是指个体通过学习知识、技能和社会规范，取得社会生活和正式社会成员的资格，形成和完善个性的过程。随着我国社会、经济发展水平的不断提高，高校学生面临的将是一个竞争激烈的社会环境，学生在学校除了获取各种专业知识外，还必须有意识地锤炼自身的心理素质，让自身有一个完备的人格和健康的心理。达到这一目的，需要学校、社会、家庭各种教育形式的配合。其中，高校校园体育文化对个体社会化形成的影响是巨大的。在开展高校校园体育文化活动中遵循的优胜劣汰的原则、公平竞争的意识、顽强拼搏的精神、创造与开拓的能力，都使生活在高校校园体育文化中的个体有意无意地实现了心灵和性格的塑造，使个体与社会环境、社会要求之间实现了平衡和协调，达到社会化的目的。

4. 心理疏导功能

高校校园体育文化活动以其固有的健身性和娱乐性，使学生在紧张的学习之余能够得到放松，体验到欢快的情绪，从而感到心情愉快、精力旺盛，并通过高校校园体育文化的精神氛围，消除大学生心理上的自我干扰和互相摩擦，协调同学间的人际关系，从而体现校园体育文化的心理疏导功能。高校通过校园体育文化向学生传递的是一种高尚的生活理念：体育运动并非仅锻炼学生的身体，它对于大学生的道德修养、心理健康、人格的完善等都有积极意义。大学生在学校中体验到体育运动带来的乐趣，很有可能使他们在毕业后的工作和生活中养成终身体育的习惯，并受益终身。

第二节　我国高校体育资源的产业化管理

一、高校体育产业管理的必要性与意义

（一）高校体育产业管理的必要性

高校体育产业不断快速发展，对其进行科学的管理十分必要。这不仅对它不断完善自身的管理体制有着极大的意义，而且也为高校体育产业长期、稳定地发展提供了强有力的保障。首先，高校体育产业管理是当前教育和产业大背景下高校体育发展的必然趋势。随着我国教育水平的不断提高，教育体制不断改进，由之前与计划产业相适应的国家统筹教育经费的模式逐渐向市场产业下教育经费模式过渡。随着我国体育事业的发展和市场产业的繁荣，高校体育教育在此背景下面临着诸多问题，如高校体育的教育难以适应市场的需求、高校体育资源的严重浪费与民众日益增长的体育消费需求之间的矛盾等，这些都是摆在高校体育教育者面前亟待解决的问题。尤其是我国市场化程度的进一步加深，我国高校体育产业在市场化的浪潮中要想占据一席之地，必须要有健全的管理体制和市场运行机制，尤其在高校体育产业市场化改造的过程中，高校体育势必受其影响。因此，在当前的教育和产业大背景下，对高校体育产业进行管理是高校体育发展的必然趋势，也是高校体育产业能够长远发展的保障。其次，在高校中融入商业化的管理模式是高校体育产业发展中极为重要的创新。创新是以新思维、新发明和新描述为主要特征的概念化过程，在产业、科学、文化等的进步中具有至关重要的作用。随着知识产业时代的到来，更是给高校体育产业工作带来了新的挑战，创新在此时显得更为重要。作为高校经营管理工作的重要内容，高校体育产业管理在推进高校整体工作前进的同时，也必然经历理念的创新与超越。因此，在高校中融入商业化的管理模式，不仅是高校体育经济发展的必然趋势，也是时代对其提出的必然要求。由

此可见，对高校体育产业进行科学的管理是大势所趋，不仅是当前教育和产业大背景下高校体育发展的必然趋势，更是高校体育产业发展中极为重要的创新。因此，在高校体育产业飞速发展的今天，对其进行科学的管理十分必要。

（二）高校体育产业管理的意义

1.有利于高校体育充分发挥其产业效益

市场产业的发展和体育事业的繁荣给高校体育事业的发展带来了前所未有的机遇，高校体育与市场产业的融合是高校体育产业发展的必然趋势。尤其是随着我国市场产业体制的不断发展和完善，高校教育面临着改革和创新的问题。因此，作为高校教育的重要组成部分，高校体育必将走出高校的大门，迈向社会这个更为广阔的舞台。高校体育要发挥其产业效益就必须与市场产业相结合，走产业化发展的道路，同时还要有完善的运行及管理机制，使其功能和优势得到最大化的发挥，从而实现其产业效益。此外，高校体育产业管理有利于充分开发和利用高校优秀的体育资源，进而使其产业效益得到最大化的发挥。众所周知，高校拥有丰富而优秀的体育资源，如现代化的体育场馆、丰富的体育器材和优秀的体育教育及训练人才等，这些都是高校体育所独有的资源优势。高校体育产业管理有利于对这些资源进行科学、合理的运营管理及统筹，使这些体育资源不再闲置和浪费，使其价值最大化。如高校体育产业管理者可以利用高校体育的师资力量优势，面向体育市场提供优质的有偿服务，如为社会人士提供短期或长期的培训指导、体育咨询、科学研究、裁判竞赛等服务。由此可见，高校体育产业管理不仅为高校体育产业的发展提供了行之有效的运营管理机制，还便于对高校丰富的体育资源进行充分的开发和利用，使高校体育在迈向市场化的进程中充分发挥其产业效益。

2.有利于高校体育的产业化发展

高校体育的产业化是高校体育产业走出校门与市场产业融合过程中产生的必然结果，它是在保证社会效益的前提下，以产业化为发展方向，通过不断改革和完善自身的体制与运行机制，来逐步适应市场产业并进入市场的过程。在新的历史时期，无论是社会的转型、产业的改革还是教育的发展都必然面临着挑战，高校体育产业作为一种新兴的朝阳产业，不仅与这些社会的变革有着极为密切的联系，其自身的发展对于社会产业、高校教育也有着重要的影响。因此，在新的历史时期，及时建立和完善高校体育产业管理，对于高校体育产业的发展有着重要的作用。首先，高校体育产业管理为高校体育产业的发展提供了科学、系统的运行管理机制，使体育产业的发展有了科学、系统的指导。其次，高校体育产业管理为高校体育产业提供了良好的发展空间和环境，使其能够在科学的统筹规划中朝着正确的方向发展。最后，高校体育产业管理为高校体育的产业化发展提供了科学的管理依据，避免了管理混乱、组织结构不明确的问题。由此可见，在当前的大背景下，及时建立和完善高校体育产业管理，对于高校体育的产业化发展十分有利。

3. 有利于解决高校办学资金的问题

实施高校体育产业管理不仅是高校体育产业高速发展的必然结果，而且将高校体育与产业发展紧密地结合了起来，既符合现代体育发展的需要，又很好地建立了高校体育经费的补偿机制，促进了高校体育事业与产业发展的良性循环，解决了高校办学资金的问题。高校体育产业管理促进了高校体育产业的发展，同时也为高校体育教育的可持续发展奠定了良好的物质基础，有效地解决了高校所面临的资金困难等问题，同时改进了办学条件。因此，高校体育产业管理通过高校体育产业所发挥的巨大产业效益，实现了高校体育的产业功能，为高校的发展提供了充足的资金，极大程度上解决了高校办学资金的问题。

二、高校体育场馆设施的管理运作

高校体育场馆的运作方式有很多种。因为承担着体育教学的任务，高校很有可能与经营者的利益发生冲突，也会影响到学校体育教学的任务。所以，高校体育馆在选择经营方式的时候要慎重考虑。

（一）合作经营的运作形式

合作经营是指高校体育馆以高校体育馆的基础设施（包括场地、场馆等）作为投资品，校外其他投资者以现金、设备以及管理等作为投资品，双方合作经营体育业务的经营方式。高校体育馆选择这种经营方式的目的在于通过和校外投资者合作，解决高校体育馆的经营过程中资金缺乏、管理经验缺乏等问题。这种合作经营的方式，一般是盈利收入按照股份制的形式按比例分成。合作经营的双方以有限责任公司的组织形式明确经营过程中遇到的风险和收益，所以这种合作经营的方式营造了利益共享、风险共担的经营机制。高校与校外投资者的这种合作经营方式有利于发挥合作双方各自的优势，扬长避短，从而给经营的项目增加了实力和竞争力。高校体育馆在基础设施和人力资源方面具有明显的优势，却在资金、经营管理方面能力缺乏。所以，高校选择与校外投资者的合作方式有利于高校体育馆在市场经济环境中取得良好的发展。

（二）直接经营的运作形式

直接经营是指高校有关部门自己组织部门对体育馆的日常活动进行经营管理。高校直接对体育馆进行经营管理，对高校自身的发展来说，有很大的优势，高校体育馆能够直接对体育经营的项目直接开发，这不仅节约了资源，还能够对资源做到整体的统筹规划，使资源能够合理地利用起来，能够实现经济效益及社会效益的最优化。高校直接经营体育馆，在进行经营活动中，不会和高校的体育教学任务造成冲突，能够很好地保证体育教学的正常进行，毕竟高校的主要任务是教学。除了这些优势之外，高校直接经营体育馆还有一些缺陷，如体育馆的前期经营需要大量的资金做支撑，可是高校的资金大部分来自国家财政拨款，投入到体育方面的资金也有限，使得高校体育馆的流动资金少，经营项目启动慢。通过分析可以看出，高校体育馆直接经营优势明显大于劣势。虽然高校体育馆刚刚走向市场，由于缺乏经验，各项管理制度也不健全，经营有一定的难度。但是只要经营得当，就会有利于高校体育馆的发展，甚至有助于高校整体发展。无论高校选择哪一种方式经营，都要根据自身情况，具体问题具体分析，选择适合自己的经营方式。

（三）承包制经营的运作形式

承包制经营的运作形式是指高校体育馆通过与校外的一些经营者签订合同，把经营设施以承包的形式让出经营权而获得经济利益的方式。高校体育馆承包制经营主要有两种方式。

1. 整体承包经营

整体承包是高校通过寻找一些比较有实力的校外经营者，通过每年缴纳一定的承包费用而对体育馆的整体进行经营。这种方式的弊端是容易造成价格上的垄断。

2. 分项目承包经营

分项目承包经营指高校把体育馆的不同体育设施和不同的体育项目活动分割开来给多个经营者进行经营。这种方式能够形成竞争，但是不利于高校体育馆的整体发展。高校体育馆承包制经营，可以通过招标、协商等方式对外进行承包。在条件成熟的情况下，招标方式更理想些，它既可以体现市场上的真实价值，又可以杜绝幕后交易。高校体育馆对外承包的优点在于体育馆在管理上比较轻松，能够获得稳定的收入，并且能够专注于对学校的教学。不足之处在于，高校体育馆对体育馆的经营失去了控制权，对体育馆承包者的经营行为难以进行有效的监管和规范。一旦承包者违反法规，就会与体育馆发生纠纷，且矛盾较难协调。

（四）委托经营的运作形式

委托经营的运作形式是指在不改变体育馆所属权和功能定位的前提下，委托经营单位对体育馆进行经营的一种方式。高校体育馆通过这种方式，不仅可以发挥体育馆的各种体育功能，同时能有效解决高校建设资金不足的问题。委托的方式只需要学校提供体育场馆等设施，不需要考虑经营问题，这对学校来说，管理起来也比较容易。

三、高校体育培训市场开发与平台构建

（一）高校开发体育培训市场的有利条件

1. 社会消费环境有利于高校体育培训的发展

随着社会的进步和国民经济的高速发展，我国城乡居民的经济收入、生活质量与消费水平都有了显著的提高。然而，生态环境的恶化与生活的安逸，使人们变得越来越弱。尤其是"上班族"，以车代步，整天伏案，面

对电脑，不仅增加了患病率，还提高了由各种疾病引发的死亡率。在这样的一个背景下，体育的强身健体与休闲娱乐功能重新唤起人们的体育消费需求，人们开始越来越关注体育行业，体育的商业化有偿服务使老百姓认识到健康需要通过体育锻炼获得。可见，人们对体育健身活动的重视和积极参与，能够促进高校体育培训市场的快速发展。

2.高校体育消费对象相对稳定

体育消费对象与消费种类的多寡，决定着高校体育培训市场的形成和发展。有调查表明，健身房的学员按数目多少依次是职工、学生、管理人员、科教文人员。而高校的主体是大学生，一所一般的高校有着少则成千、多则上万的大学生，如此众多的数目，在客观上构成一个潜在、庞大且比较稳定的体育行业消费群体。若是高校将其体育设施充分地利用并提供给社区使用，相对稳定的社区体育消费市场必将形成，必能为高校体育培训市场的开发提供极为便利的条件。

3.高校拥有完善的固定资产资源

根据不完全统计，体育场地中有将近70%集中在小学、中学与大学里，而其中很大一部分都在高校。高校有雄厚的资金做保障，有比较先进的体育设备与场馆、相当完备的体育类图书资料、相当数目的体育方面专业化师资。近几年的高校体育，在市场经济的大力推动下，取得了长足的发展。然而有一部分学校始终以"会带来管理上的极为不便"为借口，而拒绝对外开放体育场馆，以致群众性体育活动无法持续下去。高校中有不少体育场馆，其承担的比赛任务也不多，因而一年中有很多天数都在闲置着，造成资源的不充分利用，最终致使经济效益上不去。若能将高校体育资源充分利用并统筹安排对外开放，那么极有可能会增加很大一部分体育消费者，推动全民健身计划的实施。

4.高校体育师资力量相对较强

几乎所有高校都开设了体育公开课程，也开设了体育专业课程，还有许多体育专业教师。因此，与社会及中小学相比，高校体育有着更为雄厚的师资力量。具体来讲，其有着三方面的优势。

（1）人才优势

高校体育师资队伍一般是由体育界高职称、高学历的人组成的知识技术密集型专业化群体。其中有老一辈学科带头人、体育教育家、体育教练员，也有体育方面的硕士生、博士生与博士后，还有一大批中青年优秀体育教师。他们在体育教学、科研及训练的一线阵地上积累了丰富的学识与实践经验，能为高校体育培训市场的开发提出中肯的意见与良好的策略，并为高校体育培训产品的研发做出一份贡献。

（2）信息优势

高校体育文化氛围浓厚，师生走在时代的前沿，都有着旺盛的求知欲，在体育书籍、期刊杂志与体育网络方面，都有着数量可观的信息资源。通过这些，可充分而快速地了解甚至掌握国内外的体育常识及知识性信息，又能对其加以整合、使用并传播，可为体育培训市场提供丰富的信息资源。

（3）地位优势

高校作为我国体育改革的重地，不仅是提高体育竞技水平的试验场，还能带动大众体育的发展。各高校运动员的竞技成绩在本市乃至全国范围内都是有效的，且享有高校的声誉。高校体育赛事成绩上的优势，对体育培训市场的开发及培训产品的销售推广有着很重要的意义。

（二）高校体育培训课程的设置

高校体育培训课程的设置，不仅要考虑高校体育培训资源的合理配置，还要考虑体育培训市场对不同体育运动项目的需求程度及同类运动项目的消费数量，甚至有必要对培训班的运营成本、教师工资及学员总培训费等进行初步的综合估算。因此，高校应根据这些确定要不要开班、开哪种级别的班、设置哪些培训课程、配置哪些体育师资等问题。原则上讲，高校体育培训课程设置得合理与否，不仅关系到高校体育培训的经济创收，还关系到高校体育师资是否得到了充分而有效的利用，更直接影响到学员对培训产品的满意程度。

1.高校体育培训课程的特征及分类

高校体育培训课程融合了知识与技能，区别于高校体育课教学，培训课程更侧重于技能的训练，但仍然有相关知识的学习。体育培训课程不同于其他一些只需动脑的知识密集型课程，更多地要进行整个身体及其各相关部位的训练，这需要一定的体育活动场地、器材等。对高校体育培训课程的分类而言，所分出的类别随着分类标准的不同而不同。按照时代特点，培训课程分为传统课程与时尚课程；按照培训目标，培训课程分为健身类课程与竞技类课程；按照体育项目，分为球类、田径类、武术类、游泳类、体操及舞蹈类、溜冰滑雪类、极限运动类等课程。

2.高校体育培训课程的市场需求及消费概况

高校体育培训课程也有着热门与冷门之分，不同的体育项目，其市场需求量一般不尽相同，有些培训课程的市场需求量较大，像球类、健身类、竞技类、时尚类等；有些培训课程的市场需求量相对较小，像田径类、武术类、极限运动类等。根据体育培训市场的需求及消费调研，高校体育培训课程的设置不是一成不变的，可进行科学合理的调整。球类传统性运动项目，像足球、篮球、排球、羽毛球、乒乓球等，为人们所广泛喜爱，不会随着时代的进步而出现很大的市场变动，因此其课程设置与市场需求比较稳定；但对瑜伽、跆拳道、高尔夫、轮滑、街舞等时尚类运动而言，其市场需求量呈现出不断增长的趋势。

（三）高校体育培训平台的综合构建

平台是人们进行各种活动的一个综合性环境，是发挥个人潜力及才华、实现个人或团体价值的舞台，是供人们快速而有效地达到某种目标的工具及手段。对高校体育培训业而言，也需要构建起相应的平台，而高校体育培训的开展都是在这个平台上进行的，体育培训教师也是在这个平台上开展体育教学与培训工作的，学员更是通过这个平台学习并接受训练的。

1.多媒体平台

高校里有着丰富的多媒体教学工具，可将这些资源充分地调动并利用起来，构建起体育培训的多媒体平台。比如体育培训师在进行相关课程的讲授时，可利用多媒体将体育运动技能上的经典动作进行分解或慢镜头回放，使学员了解到技能及动作的细致之处；也可在体育专项运动训练时，将学员的动作拍摄下来，传到电脑上进行慢镜头回放，使学员直观地看到自己动作的不规范、不到位之处。

2.体育俱乐部平台

将高校体育培训与体育俱乐部有机结合，高校体育俱乐部可开设一些有偿的体育培训课程，既可吸收一部分俱乐部会员参加体育培训，也可使一部分学员加入体育俱乐部，进而使高校体育俱乐部与体育培训班这两种商业化的模式相得益彰，在相互促进中共同发展。这样既充分利用了俱乐部的体育资源，也提升了俱乐部会员的体育技能水平，同时还缓解了高校非俱乐部式体育培训班的市场压力。

3. 网络平台

在当今网络化的时代，互联网作为信息资源整合与便利化交流的一种优质而高效工具，成为众多集电子化产品、沟通交流、网络营销及运营管理等行业于一体的强大平台。将互联网平台作为工具引进高校体育培训中来，使体育培训网络化，已成为必然，这可大幅提升高校体育培训业的商业化运营效率。高校体育培训机构可建立微信网络公众平台，以促进学员的学习及培训效果，也可建立高校体育培训班的网站，甚至开设网络远程体育培训模块。由于体育培训不同于其他纯知识或科技型的培训，需要身体直接参与训练并需要体育培训师的当场指导，因此网络远程体育培训只能作为辅助手段。高校体育培训的各平台之间并不是孤立存在的，在高校体育培训班商业化运作的过程中，可将各种平台进行综合运用，进而最大化地提高高校体育培训的服务质量，快速推动高校体育培训业的发展。

第三节　我国高校体育文化建设与发展研究

一、高校校园体育文化发展与创新方向

高校体育文化作为整个高校现代化进程中一种最活跃、最有影响力的文化，它不仅可以充当传承文化的中介者和接受者，还可以以它富有时代气息的高品位文化去影响、带动其他校园亚文化，对高校文化起示范、导向作用，表现出了强烈的文化反哺功能。在高校体育文化进一步发展、创新上，应当遵照代表先进文化前进方向的要求，促进高校体育文化深入、多元化地进行发展与创新。

（一）人文化发展方向

人文化及人文主义思潮强调对人的尊重和人的全面、自由、和谐的发展，随着社会不断地发展进步、人类文明程度的逐渐提高，人对自身的重视程度越来越高。现代体育在此背景下成为一种健全人类自身的手段，体育成为一种朝气蓬勃、健康向上的现代活动方式。高校体育文化在本质上是一种以最广大学生的生存、享受、发展需要为出发点、归宿点和最高价值目标的人文化形态。综观其发生发展过程，高校体育文化自始至终都体现着一种人文本质和人文精神、蕴含着一种人文目标、昭示着人文价值理性。

（二）民主化发展方向

随着人类物质文明的不断进步，高校体育文化将更加鲜明地凸显其人文理性和人文精神。高校体育文化的发展必须贴近在校学生文化生活、满足在校学生文化需要、反映在校学生文化理想和提升在校学生文化人格。其发展方向必定是以人为本的人文化发展方向。高校体育文化的人文化趋势强调学生的主体地位和人的全面发展。高校体育文化变成为学生身心健康服务。国家、学校的体育政策着眼于如何在体育活动中发挥学生的能动性、自主性和创新性。

（三）个性化发展方向

高校体育文化建设得好不好，关键在于有没有个性。高校校园体育文化的理念应该多元化，不能只有一个模式。因此，新阶段的校园体育文化建设应该百花齐放。笔者认为有两点要注意：一是大学校园体育文化建设要注意文化传统的传承，要借助于百年来本校积累的优势；二是在此基础上要找到属于自己的方向和路径。

（四）民族化发展方向

高校体育文化植根于中华民族传统文化土壤，在长期的历史发展过程中蕴含着民族文化思想、体现着民族文化风格，我国高校应当继承和发扬本民族文化传统中的优异成分，在此基础上对外来文化有所筛选，取其精华、去其糟粕，把高校校园体育文化发展得更好，这也应当是中国体育文化发展的基本方向。

（五）国际化发展方向

当今世界，全球政治经济文化一体化发展迅猛，每一个国家和民族要保持生机、活力和先进性，都必须与整个世界保持全面开放而充分的交流，广泛、及时地学习和吸收一切优秀的文化成果，跟上国际文化发展的节奏和步伐。高校校园体育文化要想有更大的发展，必须以更加开放的心态，及时地吸收和借鉴国外的有益体育文化成果，丰富高校体育文化的内容和形式。同时，要有充分的自信和胸怀，把自身优秀的传统和现代校园体育文化传播出去，让外来文化与我国高校体育文化进行交汇融合，促进世界文化的创新与发展。

二、高校校园体育文化建设应坚持的基本原则

（一）导向性原则

校园体育文化的内容、形式形成的环境、氛围会引导师生的品德规范以及他们的行为，从而使该校的师生形成一种自身的特点，成为该校区别于其他院校的独特特征。

（二）主体性原则

良好的校园体育文化只是为学生的发展提供一个良好的氛围，它是外界环境因素，属于外因。大学生群体是一群走在时代前沿、带有鲜明时代特征的个体，具有主观能动性。教育学中，一切的教育因素都属于外因，都必须经过学生的主观选择与接受才能转变为学生的自身知识。校园体育文化要想充分发挥其教育价值，必须充分调动学生的主观能动性，发挥其主体性，让其自愿自主地接受体育文化的熏陶。

（三）教育性原则

校园体育文化建设需充分挖掘体育文化的教育价值。校园体育文化有助于提高大学生的思想道德素质水平。在校园课余活动中，通过组织各种体育活动，提高大学生的思想道德素质。校园体育文化的教育作用，还体

现在体育文化对学生心理健康发展的重要促进作用。良好的校园体育文化，有利于促进学生形成良好的体育精神，养成敢于挑战、勇于拼搏、乐于助人、直面挫折的习惯等。

（四）多元化原则

校园体育文化多样性是指校园体育文化活动内容形式应当丰富多彩。多元化的校园体育文化环境，能够满足大学生的不同需求，为他们提供展示自我的平台，使他们获得充分的发展。多元性的体育文化活动，有利于激发校园文化的生机与活力，形成独具特色的校园体育文化。

三、校园体育文化建设的方法与途径

（一）建立良好的校园体育文化环境

1. 积极引进先进文化

校园体育文化作为附属于高校的一种社会文化，由于各个学校的历史背景、学校结构、培养目标的不同，具有鲜明的个性特征。校园体育文化建设要坚持既弘扬主旋律又倡导多样化的原则，这也正是校园体育文化具有无限生命力，对学校成员具有巨大的号召力、感召力的根源所在。以先进文化引领校园体育文化建设，就是最大限度地发挥校园体育文化的导向凝聚功能、整合创新功能，全面提升人才综合素质和核心竞争力，使学校在强劲而深厚的文化动力中获得跨越式发展。

首先，将外来或地方文化的物质方面即体育设施引进高校，与高校体育文化设施融为一体，使之成为地方体育文化最重要也是最好的体育设施。比如当地学校的学术交流中心和体育场馆等，应该与当地社会联合共建、共同享用，成为地方体育文化的一个标志。

其次，将高校体育文化硬件和软件建成当地社会体育文化的精品，成为当地社会体育文化、活动中心和体育教育的基地，以此吸引地方乃至全国的文艺、体育团体到大学校园里举办活动，为地方经济和社会文明进步发展服务。

最后，积极引进其他高校的有文化底蕴、开展较好的体育文化活动。

将格调高雅、内容健康、有利于增长学生才干和智慧的外来体育文化引进校园，扩大其影响。而且应该让那些外来文化与我国高校体育文化进行交汇融合，在交汇融合中，加强正确的引导，使学生自觉地、主动地、正确地对各种外来体育文化信息进行辨析、筛选、消化、吸收，使自身体育文化素质和发展过程变成一个自我教育、自我完善的过程。

2. 加强校领导对体育文化的认识

高校领导是高校体育文化建设的组织保证，他们的办学理念和指导思想，决定了学校的体育教学与文化建设的内容，学校的领导应首先加强自身对体育文化的作用和意义认识，加强对体育活动的组织管理，增加对校园体育文化建设的支持力度。

3. 提高高校体育师资的素质

高校体育教师是学校体育工作的组织者和实施者，是校园体育文化建设的重要力量，他们的体育知识、能力、兴趣、爱好、专业特长等都会对学生起到潜移默化的作用。因此，学校、体育院系部应采取措施，一方面，采取多种激励措施鼓励他们不断加强自身学习，多出成果；另一方面，学校应积极为体育教师创造外出学习培训和交流的机会，不断提高他们的素质，完善他们的知识、能力结构，培养他们的爱岗敬业精神，这对高校体育文化建设具有举足轻重的作用。

4. 激发教职员工建设体育文化的积极性

高校体育文化的主体不仅仅是广大学生，广大教职员工也是高校校园体育文化建设的生力军，因此必须最大限度地动员广大教职员工积极参与高校体育文化建设。校园文化建设的一个重要内容就是开展生动而具体的体育实践活动，这些活动既能反映学校的物质文明，也能反映学校的精神文明，体现出校园精神和校园风貌。

在校园体育文化建设过程当中，尤其在校园的体育实践活动中，要采用多种方式积极动员教职员工参加，激发广大教职员工参与体育活动的兴趣和热情。教职员工参与体育活动的积极性高，会成为促进高校体育文化建设的关键因素，师生在体育活动中碰撞、交融，会使师生关系保持一种和谐、稳定的状态。

5.完善体育场馆设施的建设

校园体育物质文化建设的最终评测，反映在学生对学校可利用的体育场馆设施的满意程度上。体育特有的实践性特点决定了学校内拥有场地器材的多少、场馆设施的质量等物质条件，对学校体育文化的传播具有促进或制约作用。所以，学校有必要增加校园体育设施的投资力度，将学校体育设施的建设纳入学校整体物质文化建设的规划中去，通过良好的体育设施环境，激发学生对体育的兴趣。加强体育场馆设施建设，还要充分挖掘场馆设施中蕴含的人文价值。校园里的标志性体育建筑、雕塑、宣传栏等凝聚和展示着师生的知识、思想和价值观。因此，这里所说的继承，不仅是指对旧的硬件设施的继承，更多的是指对民族精神、校园文化传统的继承。

（二）优化体育课堂教学，提高体育文化素养

高校体育教育目标主要是通过体育教学内容来实现的，当前的体育教学内容除了要实现体育教学目标外，还要满足学生个体的生理与心理需求，强调教学内容的健身性、娱乐性、终身性及提高学生的体育文化素养。但一直以来，高校在选择体育教学内容时，过分地强调其实用价值，过多地强调基本技术与基本技能的双基教学，忽视了体育的健身功能与体育文化素质的培养，忽视了体育的教育价值，造成体育教学内容单一，无法满足当前素质教育的要求和实现学生身心健康共同发展的教学目标。

在教学内容选择上，首先要充分考虑到学生的特点，选择适合学生身心特点的、易于接受的，取消那些对运动技能要求很高、不易掌握的内容，以最大限度地满足学生对体育文化的需求和兴趣。其次，还应增加体育理论课的比重，课中应增加身体锻炼知识、锻炼方法营养与健康、运动损伤处理等体育知识。最后，专门开设体育欣赏课程。该课程以欣赏者的视听为主要手段，以学生的内心体验为特征，从而使学生达到领悟体育的真谛，得到精神上的愉悦。同时还可对学生进行爱国主义、集体主义方面的教育，利用体育名人成长事例教育学生树立正确的人生观。

在教学方法与手段上，应摒弃过去的那种局限于运动技术传授的"填鸭式"教学，而采用那些能传递体育文化思想，培养学生的创造力、思维

能力的教学方式。在教学手段上要体现多样化、个性化，应多借助现代化教学手段中的图片视频、广播站、网络等多媒体教学。教学形式上要克服竞技化倾向，以保证体育文化的传授。最后要大力尝试程序教学、发现教学等新的教学方法，同时现代化的教学手段如多媒体、电化教学方式也应得到广泛应用。

在教学评价上，要注重体育综合素质。在校园体育教育中，应努力完善体育课程的评价机制，改变过去只注重运动技能，忽视体育综合能力的评价方式。在评价方法上转终结性评价为终结性评价和过程性评价相结合的方式。在评价内容上除了应评价学生基础知识、基本技能的掌握情况外，还应侧重评价学生的体育态度及体育参与过程。对学生在课堂中表现出来的体育参与的热情、良好的体育精神、学生取得的进步及课外参与体育锻炼的积极性等进行评价。除了对体育基本知识及技能表现优异的学生进行嘉奖外，对取得巨大进步、表现出良好体育精神的学生也进行表扬，以此激励更多的学生参与到校园体育文化活动中来，以此养成体育运动的能力和习惯。最终通过提高学生的体育综合素质来培养学生的终身体育意识。

（三）拓宽体育课外活动，培养体育行为习惯

1. 建立课余体育俱乐部

体育俱乐部是广大学生自愿参与，以健身娱乐为主要目的的体育组织。其开展可激发学生对体育活动的兴趣和体育锻炼的自觉性；提高学校的体育场馆和设施的利用率；此外，体育俱乐部可以形成一种无形的凝聚力，将利益相关者聚集在一起，帮助学生进行互动，有效地调动学生学习的积极性，提高学生的体育参与意识和体育活动能力，最终有利于学生体育行为习惯的形成。

2. 开展体育文化节

体育文化节是以体育与健康为内容，以全校师生为主体，融竞技体育与健身体育、娱乐体育于一体的一种特殊的课外体育活动形式。体育文化节的开展拓宽了学生参加体育活动的时间、内容和形式。体育文化节可通过竞赛、表演、讲座等方式开展，从健身与育人出发，集知识性、健身性、娱乐性和教育性于一体，可有效提高学生的体育兴趣，提高他们参与体育

健身的积极性，增强体育锻炼意识，最终形成体育锻炼行为习惯。

3.建立专业体育运动队

专业体育运动队是学校课外体育活动的重要组成形式，专业运动队可以给予那些拥有体育特长的学生完美的展示平台。首先，体育运动队是学校精神文明的窗口，能扩大学校的知名度。其次，其可以产生强大的凝聚力，吸引全校师生的关注与评论。体育运动队的建设可以吸引更多的学生参与体育运动，同时也有利于扩大体育的影响力。

4.开展体育竞技比赛，锻炼体育竞争能力

人文精神的体育，就是尊重人、锻炼人、教育人、熏陶人、提升人的体育。所以，学校体育必须树立"以培养体育精神为主"的教育观。同时，校园体育竞赛是一种隐性的教育过程，它对学生的教育具有潜移默化的影响。因此，我们应在校园内通过体育竞技比赛，营造良好的竞赛氛围，熏陶师生，使其在不知不觉中接受体育精神文化的教育。这里应强调在校园里开展竞技比赛，应多以集体项目比赛为主，这样有利于促进学生集体合作，增强学生的集体荣誉感，进而促进学生共同合作，从而培养其体育人文精神。同时，集体项目的比赛将个人竞争转化为集体竞争，有利于减轻竞技结果对学生的影响，削弱其竞技性。

（四）积极创新校园体育精神

要挖掘学校体育特色，就要积极促进"体育精神"的形成，既要重视传承学校的优良体育传统，又要根据时代发展的需要规划校园体育文化发展的前景。任何一种文化，对于文化创新和改革都有抵抗性，行为制度层面相对更容易改革，难度比较大的是精神层面的创新，也就是高校校园长期形成的价值观念。因此，在进行校园体育文化创新的时候，要充分认识到创新的难度。应该在立足学校历史文化传统的基础上，根据各高校的实际情况科学合理地进行规划。首先要把校园体育文化建设放在整体办学方向和培养目标的大背景下来操作实施。各目标高校历史、地理条件各异，而且本身发展过程各具特色，培养人才的目标和重点不一，校园体育文化建设要基于学校发展的大背景，才能更有效地开展工作；其次把校园体育文化建设与学校的体育课设置、师资配备、课程开设等结合起来，要特别

注重实效性，注重社会需要和适应学生个性发展。高校在校园体育文化建设中应该高起点规划、高标准建设、高质量管理，最大限度地发挥校园体育文化的功能，培养出与时代发展相契合的有用人才。

参考文献

[1] 白震，袁书立，张华岳.体育产业发展：新的机遇与挑战 [M].长春：吉林人民出版社，2021.

[2] 陈少峰，宋菲，王建平.体育产业与足球产业报告 2019[M].杭州：浙江工商大学出版社，2019.

[3] 段绪来.体育赛事与城市品牌建设耦合发展及其治理研究 [M].北京：经济管理出版社，2019.

[4] 海梦楠.民族体育与文化产业融合发展 [M].长春：吉林人民出版社，2020.

[5] 韩夫苓.体育产业发展趋势研究：以冰雪运动为例 [M].长春：吉林出版集团股份有限公司，2022.

[6] 胡昕.经济学视角下的中国体育产业发展研究 [M].青岛：中国海洋大学出版社，2018.

[7] 康丹丹，施悦，马烨军.高校体育文化建设与大学生体育健康 [M].长春：吉林人民出版社，2020.

[8] 兰涛.跆拳道训练与体育文化 [M].北京：中国政法大学出版社，2018.

[9] 李慧.大型体育赛事与城市品牌形象塑造：以全运会为例 [M].天津：南开大学出版社，2014.

[10] 李静文.休闲体育产业与经营管理 [M].北京：新华出版社，2017.

[11] 李少龙，李德玉，白怡珺.体育产业多元化发展及路径研究 [M].哈尔滨：哈尔滨工程大学出版社，2022.

[12] 刘甲爽.体育经济与赛事管理 [M].北京：中国政法大学出版社，2015.

[13] 刘雪飞.冰雪体育产业的发展及其发展策略研究 [M].长春：吉林出版社，2022.

[14]陆宇榕，王印，陈永浩．体育文化与健康教育探究 [M]．北京：新华出版社，2018.

[15]罗良忠，马瑛．体育产业战略性资本运作研究 [M]．上海：复旦大学出版社，2013.

[16]吕蕾．高校体育资源与体育产业融合的联动发展 [M]．长春：吉林出版集团股份有限公司，2022.

[17]汪志刚．体育产业市场营销学 [M]．武汉：武汉大学出版社，2019.

[18]乔一涓．中国体育产业的发展路径及法律规制 [M]．武汉：武汉大学出版社，2021.

[19]任晋军，王肖天．普通高校竞技体育品牌建设研究 [M]．上海：上海交通大学出版社，2020.

[20]王雷，王伟，赵怡君．体育品牌广告创意与策划 [M]．天津：天津大学出版社，2014.

[21]王雷．体育品牌战略 [M]．天津：天津大学出版社，2013.

[22]魏秀芳．新时代背景下我国体育产业市场体系的建设与发展研究 [M]．北京：中国商业出版社，2022.

[23]谢朝波．当代体育产业发展与体育行为心理探究 [M]．北京日报出版社，2019.

[24]谢萌．高校体育文化教育研究 [M]．吉林人民出版社，2021.

[25]许进．体育产业的发展及市场化运营研究 [M]．徐州：中国矿业大学出版社，2018.

[26]杨京钟．中国体育产业财税理论与政策研究 [M]．长春：东北师范大学出版社，2019.

[27]袁夕坤，战照磊．体育产业高质量发展研究 [M]．南京东南大学出版社，2021.

[28]张春志．我国体育产业发展的理论与实践研究 [M]．北京：新华出版社，2015.

[29]张瑞林，高岩．体育品牌管理 [M]．北京：高等教育出版社，2016.

[30]赵鑫，黄岩，杨春辉．彰显人类文明的体育文化 [M]．长春：吉林人民出版社，2012.

[31] 郑焕然 . 大学体育文化与运动教程 [M]. 北京：北京理工大学出版社，
    2020.

[32] 钟天朗，徐琳 . 体育经济学教学案例 [M]. 上海：复旦大学出版社，
    2014.

[33] 钟天朗，张林，等 . 体育产业学科发展研究报告（2008—2011）[M]. 上
    海：复旦大学出版社，2013.

[34] 周伟峰 . 体育产业与体育文化发展管理探索 [M]. 长春：吉林人民出版社，
    2022.

[35] 周学政 . 体育产业多元化发展战略 [M]. 天津：天津科学技术出版社，
    2014.

[36] 朱国权 . 彝族传统体育文化 [M]. 昆明：云南大学出版社，2013.